Gitta Mühlen Achs
Geschlecht bewußt gemacht

Gitta Mühlen Achs

GESCHLECHT
BEWUSST
GEMACHT

Körpersprachliche
Inszenierungen

Ein Bilder- und
Arbeitsbuch

Frauenoffensive

1. Auflage, 1998
© Verlag Frauenoffensive, 1998
(Metzstr. 14, 81667 München)

ISBN 3-88104-308-X

Druck: Clausen & Bosse, Leck
Umschlaggestaltung: Erasmi & Stein, München

Dieses Buch ist gedruckt auf Papier aus chlorfrei gebleichtem Zellstoff.

INHALT

DANKSAGUNG

Mein besonderer Dank gilt den Studentinnen und Studenten, die mir durch ihren vollen Einsatz in den Rollenspielen in meinen Seminaren zum Thema „Körpersprache, Macht und Geschlecht" und durch ihre Offenheit in den anschließenden Auswertungsdiskussionen zu wertvollen Einsichten verholfen haben. Ich hoffe, daß auch sie einen entsprechenden Nutzen daraus ziehen konnten.

Mit diesem Buch scheint mir nun endlich der passende Rahmen dafür geschaffen, auch meinem verehrten und allzu früh verstorbenen Mentor Erving Goffman öffentlich zu danken: zum einen für seine in vielerlei Hinsichten pionierhaften Leistungen, die in der männlichen *scientific community* bis heute ihresgleichen suchen, durch die er die Entwicklung und institutionelle Verankerung geschlechtssensibler Perspektiven nachhaltig unterstützt hat und die auch mich beständig auf dem richtigen Weg gehalten und begleitet haben. Zum anderen aber ganz besonders auch dafür, daß er mich im persönlichen Kontakt durch seine stille, unaufdringliche Freundlichkeit, seine ausgeprägte Sensibilität im Hinblick auf abweichende Existenzen und Standpunkte und seine ganz offensichtliche Resistenz gegen die Versuchungen von Status und universitärem Pomp davon überzeugt hat, daß wir gesellschaftlichen Klischees nicht machtlos ausgeliefert sind.

PRIVILEGE
is not seeing your stripped humiliated body
plastered in celebration across every magazine rack, privilege
is going to the movies and not seeing yourself
terrorized, defamed, battered, butchered
seeing something else

PRIVILEGE is being
smiled at all day by nice, helpful women, it is
the way you pass judgement on their appearance with
majesterial authority
the way you face a judge of your own sex in court and
are overrepresented in congress and are not assaulted by
the police
or used as a dartboard by your friendly mechanic

ohne Namen erschienen im Frühjahr 1983
in *Together (UCLA Women's paper)*

Soweit wir zurückdenken können, erscheint das Verhältnis der Geschlechter zueinander als ein wesentlich von Macht bestimmtes. Ebenso wie bei anderen Gruppierungen von Menschen, die durch scheinbar biologisch begründete Ungleichheiten grundsätzlich voneinander geschieden werden – z.B. in Rassen oder Ethnien –, durchziehen es Macht und Ohnmacht, Herrschaft und Unterdrückung, Aufstand und Unterwerfung, Anziehung und Abgrenzung, Idealisierung und Verteufelung, Liebe und Haß, Angst, Furcht und Neid als komplexes Gewirk unterschiedlichster kultureller, sozialer und nicht zuletzt psychologischer Faktoren.

Die Geschichte der Frauen war lange vor allem eine Geschichte ihrer offenen Ausgrenzung und globalen Unterdrückung. Über Jahrhunderte formten die Herrschenden die Frauen ihrer Gesellschaften körperlich wie seelisch nach ihren Vorstellungen und Bedürfnissen. Sie grenzten sie gesellschaftlich aus und versuchten, sie als soziale „Dienstbarkeiten" zu verorten.

Ihrer Phantasie waren dabei keine Grenzen gesetzt, jedes Mittel, das der Stabilisierung ihrer Vorherrschaft diente, schien recht. Sie schreckten weder vor brutaler Gewalt noch dem Femizid, der selektiven Tötung weiblicher Föten und Neugeborener, noch vor folterartigen Eingriffen in die Integrität des weiblichen Körpers zum Zweck der Disziplinierung zurück. Sie führen ihren Vernichtungsfeldzug gegen die tatsächliche oder auch nur ihren Phantasien entsprungene sexuelle Potenz und Macht der Frauen z.B. mit den Waffen der Genitalverstümmelung in weiten Teilen unseres Planeten sogar heute noch, unter den Augen der aufgeklärten Weltöffentlichkeit, ungeniert weiter.

Während in der Zunft traditionell eingestellter Wissenschaftler ein sensibler akademischer Disput darüber einsetzte, inwieweit man als westeuropäischer oder nordamerikanischer, jedenfalls eben abendländischer Forscher überhaupt berechtigt sei, derartige „Kulturphänomene" aus fremder Perspektive in den Blick zu nehmen oder gar als zutiefst amoralische Verletzungen globaler Menschenrechte zu verurteilen, nannten die als „Frauenforscherinnen" in ganz anderer Weise betroffenen Feministinnen die Dinge beim Namen. Es ist vor allem ihr Verdienst, durch umfassende historische, kulturvergleichende und interdisziplinär vernetzte Forschung das ganze Ausmaß der Zwangsmaßnahmen aufgedeckt und öffentlich gemacht zu machen, durch die Frauen weltweit unterworfen, zu (wenn überhaupt) Menschen zweiter Klasse degradiert und weitgehend in den Dienst des anderen Geschlechts gestellt wurden.

Und noch ein weiteres, das gern übersehen wird, weil es so wenig in das Klischee der verbissenen, weltfremden, ebenso engstirnigen wie engherzigen Feministinnen paßt, ist den Vertreterinnen einer explizit feministisch eingestellten Forschung hoch anzurechnen: daß sie nämlich über all dem Grauen und weiblichen Leid, mit dem sie durch ihre Arbeit konfrontiert wurden, nie das Schicksal anderer Gruppierungen aus dem Blick verloren haben, die von den dominanten Gruppen in ihrer Kultur in vergleichbarer Weise ausgegrenzt und unterdrückt wurden und immer noch werden – zum Beispiel das Schicksal der „schwarzen" Menschen, die geschlechtsunspezifisch als gesamte Gruppe davon betroffen sind.

Möglicherweise wird die feministisch-humanistische Perspektive auf die Welt, die kulturelle Phänomene umfassender, vollständiger und zugleich fokussierter in den Blick nimmt als der *main-stream*, gerade deshalb so sehr bekämpft und desavouiert, weil sie den herrschenden Blick als solchen entlarvt und ihm bewußt einen anderen Blick entgegenstellt, der seine Vormachtstellung in Frage stellt und womöglich aufhebt; weil sie auf den „blinden Fleck"

der traditionellen Wissenschaften verweist, die das eigene Geschlecht und damit verknüpfte Interessen stets säuberlich ausgeblendet haben; weil sie eine entsprechend ergänzende bzw. korrigierende Reformulierung zentraler Begriffe und Theorien in den jeweiligen Disziplinen ermöglicht und somit wesentlich zu ihrer Weiterentwicklung beiträgt.

Nur ein Blick, der die subdominanten Gruppen, die Randgruppen und Minderheiten in einer Gesellschaft nicht ignoriert oder einfach als Abnormitäten abstempelt und ausgrenzt, sondern deren spezifische Existenz in gleicher Weise wie die der dominanten Gruppen für erklärungsbedürftig hält, ist in der Lage, die in unserer Kultur gegenwärtig operierenden Hierarchisierungskonzepte zu erfassen und zu benennen. Nur er macht evident, daß der Prozeß der Modernisierung in den postindustriellen Gesellschaften Europas und Nordamerikas mit der Auflösung des konventionellen Klassensystems keineswegs in die individuelle Freiheit geführt hat. Er zeigt, daß dieses System vielmehr nur von dem vergleichsweise primitiveren Rassen- und Geschlechtersystem abgelöst wurde, das die sozialen Positionen womöglich noch untrennbarer an scheinbar biologischen Kategorien festmacht.

Obgleich die Ordnung der Geschlechter in unserem Kulturkreis ganz offensichtlich und schon lange nicht mehr durch eklatant grausame körperliche Zwangsmaßnahmen aufrechterhalten wird – aber gerade weil gegenwärtig geschlechterkritischen Positionen wieder ein bemerkenswert scharfer und bedrohlicher Wind aus beinahe allen Richtungen entgegenbläst –, sollten wir uns keineswegs dazu verleiten lassen, über die Geschichte der patriarchalen Körperpolitik vorschnell den Mantel des Vergessens zu breiten. Nur Erledigtes läßt sich ungestraft vergessen. Alles andere kommt einer Verdrängung gleich.

In welcher Weise diese Form der „Vergangenheitsbewältigung" ihren unerledigten Gegenstand bis in die Zukunft hinein am Leben und wirksam erhält, sollte gerade uns Deutschen präsent sein. Die lange und phasenweise außerordentlich grausame Geschichte der patriarchalen Körperpolitik, die letztlich in einer Ungleichheit resultiert, die von vielen Menschen als natur- oder gottgewollt betrachtet wird, hat auch in unserer Kultur ihr Ende noch nicht gefunden. Es wird nur ein neues Kapitel aufgeschlagen, in dem mit einer feineren Klinge gefochten wird.

Die Tradition der Vorherrschaftssicherung durch generelle Ausgrenzung und offene Unterdrückung in Form einer expliziten Verweigerung gleicher Bildungsmöglichkeiten und gleichberechtigter Teilhabe an politischer und wirtschaftlicher Macht ist in unserer modernen westlichen Gesellschaft weitgehend gebrochen. Diese lange Zeit gut funktionierenden Barrieren sind in den langen und hartnäckig durchfochtenen Kämpfen der Frauen um Gleichberechtigung gefallen bzw. aus dem Weg geräumt worden. Vielerorts kontrollieren institutionalisierte Frauen- oder Gleichstellungsbeauftragte die Umsetzung und Einhaltung entsprechender Gesetze. Die Zeiten, in denen *Frauen nicht durften,* was oder wie sie wollten – jedenfalls nicht dasselbe wie Männer –, sind heute wohl endgültig vorbei. Wir haben es in relativ kurzer Zeit so weit gebracht, daß nun sogar schon mancher Mann sich förmlich gezwungen sieht, Gleichstellung als eine eigentlich ungerechtfertigte Bevorzugung von Frauen vor dem europäischen Gerichtshof zu beklagen. Dazu, wie eine solche Reaktion letztlich zu erklären sein könnte, komme ich noch.

Tatsächlich aber tritt die geringe gesellschaftliche Durchschlagskraft der politischen Gleichstellungsbeschlüsse und -bemühungen immer unübersehbarer in Erscheinung. Keine der bislang eingeleiteten Maßnahmen konnte die traditionelle Machtpyramide der Geschlechter – Männer oben, Frauen unten – ernsthaft erschüttern oder gar zum Einsturz bringen. Sie bestimmt weiterhin unverändert das Verhältnis der Geschlechter im öffentlichen wie im privaten Bereich.

Im öffentlichen Bereich haben weder die Öffnung sämtlicher Bildungsinstitutionen für Frauen noch ihre überragenden Leistungen, durch die sie in dieser relativ kurzen Zeit an Schulen, Hochschulen und Universitäten mit ihren männlichen Kollegen nicht nur gleichgezogen haben, sondern sie vielfach bereits überholen, noch veränderte Qualifikationsanforderungen der Arbeitswelt, die auch typisch „weibliche" Eigenschaften, Fähigkeiten, Denkmuster und soziale Kompetenzen wie Dialogfähigkeit, Zuhörenkönnen, Kontaktfähigkeit, Konfliktfähigkeit, Fähigkeit zum Perspektivenwechsel, zur Empathie etc. zu Schlüsselqualifikationen erklären, die Zahl von Frauen in einflußreichen und mächtigen gesellschaftlichen Positionen bisher nennenswert hinaufgetrieben.

1997 waren in den 5000 führenden bundesdeutschen Unternehmen beispielsweise lediglich 6,7 Prozent Frauen in Führungspositionen tätig. Vergleichbare, teilweise sogar noch magerere Quoten vermelden andere gesellschaftlich relevante Institutionen – Universitäten, Hochschulen, Parteien, Regierungen und nicht zuletzt die Medienanstalten. Frauen sind zwar im Prinzip heute überall präsent, aber um so deutlicher unterrepräsentiert, je höher die entsprechenden Positionen in der Hierarchie angesiedelt sind und je mehr Machtbefugnisse sie beinhalten.

Dieses bemerkenswerte Phänomen des Abbrechens weiblicher Karrieren kurz vor dem Ereichen der jeweiligen Spitzenpositionen wird seit geraumer Zeit unter dem Schlagwort von der gläsernen Decke *(glass ceiling)* auch wissenschaftlich untersucht. An Erklärungen, was den weiblichen Durchstieg nach oben tatsächlich verhindert, mangelt es nicht. Einerseits werden allgemeine gesellschaftliche Faktoren angeführt, z.B. die angespannte Wirtschaftslage, aber auch spezifische strukturelle Mängel der Gesellschaft, z.B. fehlende oder mangelhafte Angebote an Kinderbetreuungsmöglichkeiten, die für berufstätige Frauen eine Familiengründung regelmäßig zur „Babyfalle" werden lassen.

Andererseits wird zunehmend wieder auf die Psychologie rekurriert, womit die Ursachen ihres spezifischen „Scheiterns" letztlich wieder an den Frauen selbst festgemacht werden. In diesem Zusammenhang wird immer häufiger ein „problematisches" Verhältnis zur Macht als generelles, genuin weibliches Phänomen thematisiert. Es ist zwar offensichtlich, daß auch Männer nicht generell nach Macht gieren. Aber wenn doch, dann beschädigen sie damit keineswegs ihr Image als Männer. Die Meinung ist immer noch weitverbreitet, daß „richtige" Männer vor der Übernahme und Ausübung von Macht keineswegs zurückscheuen. Viele jener Exemplare, die es tatsächlich in ihren jeweiligen Bereichen, in der Wirtschaft, der Politik oder im Sport, bis an die Spitze geschafft haben, nutzen ihre damit einhergehende öffentliche Präsenz zu einer ungenierten und dementsprechend eindrucksvollen Selbstdarstellung als richtiggehende Machtmenschen. Sie stehen nicht nur ganz offen dazu, sie genießen sichtlich ihre Macht. Es gerät ihnen nicht zum Nachteil, sich davon in förmlich obsessiver Weise als besessen zu erweisen.

Die Medien gehen auf solche psychischen Konstellationen nicht selten sogar mit einem anerkennenden Unterton ein, der ihre Anziehungskraft gewiß nicht schmälert. Es wird als selbstverständlich erachtet, daß Männer auf ihrem unaufhaltsamen Weg nach oben auch entsprechende Formen der Selbstdarstellung und der Kommunikation kultivieren, die in erster Linie ihre dynamische und rücksichtslose Vorwärtsorientierung zum Ausdruck bringen.

Für ihre primär an Ergebnissen und Erträgen orientierte „Ellenbogenmentalität" werden sie nicht zuletzt auch von vielen Frauen bewundert und – als Ehefrauen, Assistentinnen, Sekretärinnen etc. – nach Kräften unterstützt. Macht gilt immer noch als außerordentlich „männlich". Sie verleiht ihrem Träger eine geradezu erotische Anziehungskraft.

Dieser bis in den intimen Bereich der Sexualität reichende Zusammenhang zwischen Macht und Männlichkeit hat als Erklärungsmuster für das eher zögerliche Verhalten vieler Frauen in diesem Kontext und dafür, daß sie letztlich vor der Übernahme von Machtpositionen förmlich zurückzuschrecken scheinen, sicher einen hohen, wenngleich keinen ausreichenden Erklärungswert. Auch hier spielen eine Vielzahl von Faktoren zusammen.

Zum einen stehen Frauen ebenso wie Männer in der Entwicklung ihrer Identität unter dem normativen Druck kulturell vorgegebener Ideale. Das traditionelle Weiblichkeitsideal schreibt ihnen nicht nur die Entwicklung bestimmter Eigenschaften vor, sondern ordnet auch das Verhältnis der Geschlechter in ganz spezifischer Weise. Es weist Frauen in bezug zu Männern generell eine relativ untergeordnete Position zu. Nur indem Frauen die entsprechenden Vorgaben erfüllen, erweisen sie sich als „richtige" Frauen im Sinn dieser Idealvorstellung.

Um die spezifischen Erscheinungsformen und sozialen Konsequenzen dieses Phänomens wird es in diesem Buch hauptsächlich gehen.

Zum anderen steht der Nachdruck, mit dem Frauen ihre beruflichen Aspirationen verfolgen, offenkundig in keiner linearen Beziehung zu ihren tatsächlichen fachlichen Qualifikationen und ihrer Leistungsmotivation. Frauen streben nachweislich weit weniger ungehemmt als vielfach sogar schlechter qualifizierte männliche Mitbewerber und Konkurrenten an die jeweilige Spitze. Es scheint, als wären weibliche Identität und weibliches Selbstwertgefühl tatsächlich in geringerem Maß als das „richtiger" Männer mit der Übernahme einflußreicher sozialer Positionen verknüpft und als sei ihr Selbstbewußtsein nach männlichen Maßstäben bemessen insgesamt sowieso schwächer ausgeprägt. Die stereotypen Klagen aus Wirtschaft, Politik und Bildungsinstitutionen, die im Hinblick auf die nachhaltig geforderte Gleichstellung der Geschlechter zunehmend unter Druck geraten, lauten daher nun: Wir würden ja gern, aber *die Frauen wollen nicht,* sie trauen sich einfach nichts zu.

Dieses ebenfalls vordergründig als „psychologisches" Problem der Frauen behandelte Phänomen wird erst in jüngster Zeit wissenschaftlich bearbeitet; es zeichnen sich vorläufige Antworten ab, die bereits deutlich machen, daß auch dieses Phänomen in Wirklichkeit ein höchst komplexes ist. Endlich werden nun Frauen und Weiblichkeit nicht mehr als monolithischer Block betrachtet. Man beginnt, sie differenzierter wahrzunehmen.

Zum einen wird festgestellt, daß karriereorientierte Frauen in aller Regel nicht mit vergleichbarer familiärer Unterstützung rechnen können wie Männer. Sie treten tatsächlich nicht selten in dem Bewußtsein an, diesen Weg allein gehen zu müssen. Manchen mangelt es nicht nur an Unterstützung, sie werden von ihren Lieben sogar behindert. Die Tatsache, daß im Hinblick auf berufliche Karrieren Männer Frauen „im Rükken" haben, aber Frauen Männer „im Nacken", ist ein nicht unwesentlicher Grund für diese gesellschaftliche Schieflage und erklärt auch, warum überdurchschnittlich viele der wenigen Frauen in einflußreichen Positionen alleinstehend sind.

Zum zweiten mangelt es vielen Frauen eigenen Aussagen zufolge an der „Lust", sich in die bestehenden, immer noch weitgehend an männlichen Fähigkeiten und Bedürfnissen orientierten Strukturen hineinzubegeben, denen sie durchaus kritisch gegenüberstehen. Sie treffen also, in Abwägung ihrer Möglichkeiten – unter entfremdeten Bedingungen zu arbeiten, mit zusätzlichem Arbeitsaufwand für eine angemessene Veränderung der gegebenen Strukturen zu sorgen und der Gefahr, an dieser doppelten Belastung letztlich zu scheitern und sich dabei auch noch aufzureiben –, einfach nur die in ihren Augen vernünftigste Entscheidung.

Ungeachtet aller genannten Widrigkeiten bleibt jedoch im Hinblick auf den öffentlichen Bereich das Bewußtsein über die Problematik der Geschlechterungleichheit zumindestens erhalten; und die Versuche, Veränderungen durchzusetzen und voranzutreiben (an denen sich glücklicherweise zunehmend auch einsichtsvolle Männer beteiligen), reißen selbst unter den gegenwärtig schwierigen ökonomischen Bedingungen im Prinzip nicht ab.

Demgegenüber erweist sich der private Lebensbereich als ein Hort der Erhaltung patriarchaler Ordnungsstrukturen. Das Private ist der Bereich, in dem von einem immer noch beträchtlichen Teil der Frauen und Männer die asymmetrische und hierarchische Geschlechterordnung dadurch aufrechterhalten wird, daß sie sich – wenngleich häufig in unreflektierter, aber nichtsdestoweniger wirksamer Weise – nach wie vor an einem traditionellen und eigentlich längst durch gesellschaftliche Veränderungen überholten Ideal heterosexueller Paarbeziehung orientieren.

Nach dieser Vorstellung ist der Mann stets größer, stärker und klüger als die Frau und übernimmt daher selbstverständlich die Führungsrolle und die Aufgaben der ökonomischen Versorgung des Paares. Seine Gattin zeichnet sich in erster Linie durch Attraktivität aus und blickt daher aus gebührendem Abstand im Hinblick auf Körpergröße, Kraft und Intelligenz, durch den sich seine Überlegenheit letztlich erst manifestiert, bewundernd zu ihm auf. Sie widmet sich vornehmlich und hingebungsvoll seinem Wohlergehen.

Wem diese Schilderung zu kraß oder klischeehaft erscheint, der oder die kann sich im 2. Teil des Buchs anhand der Bilddokumente mit eigenen Augen davon überzeugen, in welch stereotyper und penetranter Weise dieses unglaubliche Klischee auch gegenwärtig von den Medien verbreitet wird. Selbstverständlich reflektieren Stereotype nicht die Realität. Aber sie eignen sich in ganz besonderer Weise dazu, Ideale zu zementieren und auch über den Ablauf ihres gesellschaftlichen Haltbarkeitslimits hinaus zu konservieren.

Nicht einmal die umwälzenden gesellschaftlichen Veränderungen, die den Primat der traditionellen Versorgungsehe längst in Frage gestellt bzw. gebrochen und zu einem dramatischen Anstieg der Zahl von Alleinlebenden, „Rumpffamilien" und alleinerziehenden Müttern geführt haben, konnten bewirken, daß diese Klischees wirksam aufgeweicht und durch alternative oder vielfältigere Vorstellungen nachhaltig ersetzt worden wären.

Das asymmetrisch konstruierte Ideal einer heterosexuellen Paarbeziehung, das durch Machtrelationen bestimmt ist, wurzelt in traditionellen Männlichkeits- und Weiblichkeitsidealen, die durch ihre Verankerung im individuellen Selbst naturalisiert werden und damit als Aspekt individueller Identität in Erscheinung treten. Somit schlagen sich nicht nur die Geschlechterideale, sondern letztlich auch die Geschlechterbeziehungen in der Psyche als unbewußte Sedimente nieder. Das gesellschaftliche Arrangement der Geschlechter wirkt bis in die psychosexuellen Strukturen hinein, indem es das erotische Begehren lenkt und strukturiert.

Durch einen doppelten Eingriff in die „Natur" werden die Geschlechter zunächst durch vielfältige Maßnahmen als grundsätzlich verschiedene Wesen klassifiziert und auseinandergerissen, um dann in der kulturell erwünschten Weise durch das heterosexuelle Arrangement, das heißt auf der Grundlage ihres erotischen

Begehrens nach den zuvor zwangsweise abgespaltenen, gesellschaftlich tabuisierten Aspekten ihres eigentlichen Selbst wieder zusammengefügt zu werden. Da diese Prozesse aus dem Bewußtsein verschwinden oder verdrängt werden, erscheint uns dieses Arrangement zwischen heterosexuellen Partnern als eine aus freiem Willen getroffene Übereinkunft zwischen prinzipiell gleichwertigen Individuen auf der Basis ihrer gegenseitigen emotionalen Zuneigung und gemeinsamer wirtschaftlicher Interessen. Die Erkenntnis, daß dieses Arrangement prinzipielle Gleichwertigkeit nicht etabliert, sondern höchstens suggeriert, kommt meist erst beim Versuch seiner gütlichen Auflösung – und damit immer zu spät.

Die Aufrechterhaltung dieses Ideals ungeachtet der sich kontinuierlich verändernden und weiterentwickelnden sozialen Strukturen wird zweifach gesichert: zum einen wie gesagt durch seine tiefe psychologische Verankerung im Selbst, in den persönlichen Identitäten von Frauen und Männern und in der Struktur ihres gegenseitigen erotischen Begehrens. Zum anderen dadurch, daß es ununterbrochen und allenthalben auf ebenfalls weitgehend unbewußte Art und Weise zum Ausdruck gebracht und so fortlaufend verstärkt und immer wieder neu hergestellt wird.

In dieser Konstruktionstätigkeit funktioniert der Körper als symbolisches Ausdruckssystem. Kulturelle Eingriffe in Form und Funktion dieses spezifischen Instruments der Selbstdarstellung kennzeichnen die moderne Körperpolitik, die nicht mit offensichtlicher Macht, Gewalt und äußerem Zwang operiert, sondern mit dem Mittel der Verinnerlichung und Naturalisierung gesellschaftlicher Normen und Verhältnisse und ihrer Einschreibung in die natürlichen Körper. Dabei muß gesellschaftlichen Institutionen wie z.B. den Medien eine wachsende Bedeutung unterstellt werden.

Die spezifischen Probleme mit Macht, die sich aus der hierarchischen Struktur der Geschlechterkonstruktion für Frauen zwangsläufig ergeben, wenn sie sich mit dem traditionellen Weiblichkeitsideal identifizieren, treten vor diesem Hintergrund vor allem in der Arbeitswelt zutage. Das Weiblichkeitsideal kollidiert ganz offensichtlich mit der Bereitschaft und Fähigkeit zur demonstrativen Zurschaustellung von Dominanz und der unmittelbaren Umsetzung von Machtbedürfnissen in sozialen Situationen. Anders ausgedrückt: Das selbstbewußte Ausfüllen von Machtpositionen und das Streben nach Überlegenheit ist speziell für jene Frauen problematisch, die das traditionelle Weiblichkeitsideal verinnerlicht haben, aber auch für alle anderen Frauen, insofern sie von ihrer Umwelt regelmäßig danach bemessen und bewertet werden (ein anschauliches Beispiel liefert der einigermaßen verstörte Umgang der medialen Öffentlichkeit mit der „Machtpolitikerin" Margaret Thatcher, der ihre Position offensichtlich keineswegs zu mißfallen oder persönliche Probleme zu bereiten schien).

Neben den klassischen Sozialisationsinstanzen tun also offen zum Ausdruck gebrachte gesellschaftliche Meinungen und institutionell verankerte gesellschaftliche Strukturen ihr Übriges, um den Erwartungsdruck noch zu verstärken, der Frauen am Zugriff auf Macht hindert, im Umgang mit Macht behindert und sie im Hinblick auf die Entfaltung ihrer zweifellos in gleicher Weise wie bei Männern vorhandenen Machtbedürfnisse weitgehend beschränkt.

Weibliche Machtbedürfnisse werden in vielfältiger Weise reguliert, kanalisiert, erfolgreich auf ungefährlichere Nebengeleise umgeleitet (auf die „erotische Schiene") und im Hinblick auf ihre Umsetzung auf indirekte Ausdrucksweisen und appellative Strategien beschränkt. Als Alternative zum gesamten Repertoire an direkten Machtmitteln, das für „richtige" Frauen tabu ist – von physischer Gewalt bis zur Verfügung über wesentliche Ressourcen –, werden Frauen spezifisch „weibliche" Waffen anheimgestellt, die sich vor allem durch Indirektheit und durch ihren im Prinzip paradoxen Charakter auszeichnen.

Frauen sollen sich mit „Charme", mit erotischer Attraktivität, Schmeicheleien oder demonstrativer Unterwerfung durchzusetzen versuchen und geraten dadurch selbstverständlich automatisch ins Hintertreffen. Die Durchschlagskraft ihrer legitimen Machtmittel ist relativ, d.h. beschränkt, und garantiert weniger einen individuellen Erfolg als vielmehr den Fortbestand der ungleichen Machtverhältnisse zwischen den Geschlechtern. Denn die manipulative Frau ist auch für einen eventuellen Erfolg letzten Endes weniger ausschlaggebend als ihr „Opfer".

Nur wenn in dessen Augen ihre Gegenleistung – welcher Art auch immer diese sei – „stimmt", ist es bereit und willig, sich auf den *deal* auch einzulassen. Im Gegensatz dazu erfordert die Anwendung direkter Machtmittel, die als männlich gelten (z.B. physische Gewalt, Verfügung über wichtige Ressourcen, Expertise etc.) nicht, daß das Opfer sich zuvor als einverstanden erweist, und es bedarf auch keiner Gegenleistung, um erfolgreich damit abzuschneiden. Insofern kann nur die direkte Form der Machtausübung überhaupt – im Sinn der klassischen Definition von Max Weber – als eine solche bezeichnet werden. Denn nur sie kann einen anderen „auch gegen Widerstreben", wie Weber formuliert, in die Knie zwingen. Je stärker, finanzkräftiger oder reicher an Hilfskräften ein Machthaber ist, desto größer ist seine Chance, gegen minderbemittelte Gegner zu obsiegen. Der Einsatz von indirekten Machtmitteln, z.B. von Schmeicheleien oder erotischen Verführungskünsten, die als weibliche

Waffen gelten, erfüllt dieses wesentliche Kriterium nicht. Er führt letztlich nur dann zum Erfolg, wenn sich die angepeilte Person als empfänglich erweist bzw. wenn das – z.B. erotische – Gegenangebot ihren Vorstellungen und Wünschen entspricht.

Die Beschränkung auf indirekte und manipulative Methoden der Machtausübung zwingt also bereits im Vorfeld entsprechender Aktivitäten dazu, die Bedürfnisse oder Begierden der anderen Person sensibel zu erspüren, sich diesen anzupassen und sich selbst entsprechend darzustellen. Eine „richtige" Frau tritt allein aufgrund dieser Beschränkung auf „weibliche" Waffen letztlich nicht als gleichwertiges Subjekt, sondern als Objekt der Begierde in die Arena ein.

Eine Frau, die das förmlich „eingefleischte" Tabu der offenen, direkten Machtausübung gegen Männer durchbricht und in der Auseinandersetzung mit ihnen zu gleichwertigen Mitteln der Durchsetzung greift, muß letztlich damit rechnen, als „unweiblich" apostrophiert zu werden, und sie sollte besser gelernt haben, damit auch umzugehen. Das unbeschadete Überstehen einer dermaßen tiefgreifenden Kritik, die mit dem Zweifel an einer korrekten Geschlechtsidentität einen zentralen Aspekt des Selbst in Frage stellt, setzt ein einigermaßen robustes Selbstbewußtsein und ein beträchtliches Maß an Autonomie, an Unabhängigkeit von Fremdeinschätzungen voraus – Merkmale also, von denen wir wissen, daß sie Frauen im Verlauf einer traditionellen Weiblichkeitserziehung eher ab- als antrainiert werden.

Ungehinderter Zugang zu Bildung und zum Erwerb beruflicher Qualifikationen ist offensichtlich keine ausreichende Bedingung, um auch im Bereich von Selbstbewußtsein, Selbstwert, Autonomiebestrebungen und nicht zuletzt im Hinblick auf die Lust an der Macht, die mir als eine dringend notwendige Ergänzung der von Frauen seit jeher getragenen Verantwortung erscheint, jene Veränderungen herbeizuführen, die zur Auflösung des traditionell asymmetrischen Arrangements der Geschlechter zugunsten prinzipieller Gleichheit und Gleichwertigkeit führen würden. Der Marsch durch die Institutionen, der zur Unterbrechung des Teufelskreises aus gesellschaftlicher Marginalisierung und scheinbar freiwilliger Unterordnung der Frauen im Geschlechterverhältnis führt, darf gerade vor der „privaten" Institution des heterosexuellen Arrangements nicht haltmachen.

Die Vorstellung, daß Geschlecht keine naturgegebene Konstante, sondern eine soziale Konstruktion ist, die wir letztlich selbst erzeugen, weist uns nicht nur die Verantwortung für die Gestaltung des Geschlechterverhältnisses zu, sondern eröffnet uns auch, wenigstens theoretisch, machtvolle Möglichkeiten, Geschlecht „anders" zu machen: nicht dem traditionellen Schema folgend, das in polarer Gegensätzlichkeit und entsprechender Ungleichwertigkeit resultiert, sondern als ein Verhältnis von prinzipieller Gleichwertigkeit, das durch wechselseitige Anerkennung und Achtung voreinander bestimmt ist.

Da unsere ununterbrochene Konstruktionstätigkeit, durch die wir Geschlecht herstellen, in aller Regel außerhalb unseres wachen Bewußtseins stattfindet, bleiben uns die sozialen Konsequenzen dieses Tuns weitgehend verborgen. Der erste Schritt zu ihrer Dekonstruktion besteht daher notwendigerweise darin, ein entsprechendes Bewußtsein herzustellen.

Dies ist auch in diesem Buch der erste Schritt. Im zweiten Schritt, der anhand vieler Abbildungen konkret nachvollzogen werden kann, wird der Code entschlüsselt, der die Geschlechterzeichen als Machtzeichen wirksam werden läßt. Es steht zu hoffen, daß bereits durch die bewußte Erkenntnis der wahren, ursprünglichen Bedeutungen jener Ausdrucksweisen, Symbole und Rituale, die heute der Darstellung von Geschlecht dienen, der größte Beitrag zu ihrer Abschaffung geleistet wird.

Im letzten Teil des Buchs geht es konsequenterweise um Möglichkeiten der aktiven Dekonstruktion traditioneller Geschlechterdarstellungen. Durch entsprechende Haltungs-, Verhaltens- und Einstellungsübungen und verschiedene Geschlechter„Spiele" möchte ich einen Beitrag dazu leisten, daß wir Geschlecht, wenn es denn schon gemacht werden muß, wenigstens unseren eigenen Vorstellungen und wirklichen Bedürfnissen entsprechend und im vollen Bewußtsein seiner sozialen Folgen machen können.

1. Teil
Was ist Geschlecht?

Geschlecht ist nicht etwas, das wir haben, schon gar nicht etwas, das wir sind. Geschlecht ist etwas, das wir *tun*.

Diese Aussage markiert den vorläufigen Kulminationspunkt in der Arbeit einer relativ jungen Forschungsrichtung, die sich in den 70er Jahren vor allem im angelsächsischen Sprachraum als „Frauenforschung" *(women's studies)* an den Universitäten etablieren konnte und die sich mittlerweile, am Ende der 90er Jahre, als „Geschlechterforschung" *(gender studies)* einen Namen gemacht hat. Im Lauf dieser Zeit haben sich auch die Interessen und Arbeitsschwerpunkte dementsprechend verändert bzw. erweitert.

In den Anfängen ging es vor dem Hintergrund der Vorstellung von der prinzipiellen Gleichheit der Geschlechter vorrangig darum, Frauen überhaupt erst sichtbar zu machen, ihre systematische Verdrängung oder Verkennung durch die aus einer eingeschränkten, unreflektiert männlichen Sicht auf Frauen forschende Wissenschaft zu dokumentieren und sie erstmals auch sozusagen aus eigener, weiblicher Perspektive in den Blick zu nehmen. Darüber hinaus zielten die Untersuchungen in dieser Phase auch darauf ab, die

Leerstellen im wissenschaftlichen Geschlechterdiskurs zu besetzen, die der einseitige und androzentrische Blick auf die Frauen geschaffen bzw. hinterlassen hatte. So gerieten neben Frauen und dem Konzept Weiblichkeit nun selbstverständlich auch die Männer und das Konzept Männlichkeit als Objekte der Forschung ins Blickfeld.

Damit war der Boden für eine weitere Entwicklung bereitet, in der es vorrangig um die Untersuchung der Unterschiede – sowohl zwischen Frauen und Männern als auch innerhalb der Gruppe der Frauen – ging. Aus diesem Ansatz entwickelte sich in den 90er Jahren die Geschlechterforschung *(gender studies)*. Der bedeutendste theoretische Beitrag der *gender studies* zur Erforschung von Geschlecht besteht sicherlich darin, daß die bisherigen Grundlagen der Frauenforschung in einer bis dahin ungekannten Radikalität selbst in Frage gestellt wurden.

Die Kategorie „Frau" wird nicht als soziale Gegebenheit, sondern als gesellschaftliche Konstruktion betrachtet; „Geschlecht" nicht mehr als eine Naturgegebenheit, sondern als kulturelles Zeichen und grundlegende gesellschaftliche Strukturkategorie; geschlechtliche Identitäten nicht als feste und stabile, sondern als durchaus variable Größen. Ausgehend von den vor allem in Großbritannien vorangetriebenen explizit feministischen *cultural studies* wird Geschlecht nunmehr als „something we do and something we think with" gedacht. Die Bedeutung der Biologie als Erklärungvariable wird immer mehr und immer grundsätzlicher in Frage gestellt und letztlich als vollkommen irrelevant verworfen.

Vor diesem theoretischen Hintergrund ist es möglich, Männer und Frauen (die realen physischen Erscheinungsformen der Geschlechter) von Männlichkeit und Weiblichkeit (den kulturellen Konzeptionen von Geschlecht) abzukoppeln. Mann wird nicht mehr automatisch mit Männlichkeit, Frau nicht mehr automatisch mit Weiblichkeit in eins gesetzt. Dadurch können endlich auch die bemerkenswerten Differenzen innerhalb der gegebenen Geschlechterkategorien, die unübersehbaren Unterschiede *zwischen* Frauen und *zwischen* Männern, die bisher keine oder nur ungenügende Beachtung gefunden hatten, eingeordnet und neu bewertet werden und zur Weiterentwicklung der Theorie in fruchtbarer Weise beitragen.

Es ist offenkundig, daß es *die* Weiblichkeit ebensowenig gibt wie *die* Männlichkeit. Es kann also auch nicht mehr einfach nur von einem Geschlecht, sondern nur noch – in Pluralform – von Geschlechtern, von durchaus unterschiedlichen Weib-

lichkeiten und Männlichkeiten gesprochen werden. Aber es ist ebenso offenkundig, daß die verschiedenen Weiblichkeiten und Männlichkeiten keineswegs die gleiche Bedeutung oder gar denselben gesellschaftlichen Stellenwert haben.

Einzelne Individuen können zwar vielleicht innerhalb einer gewissen Bandbreite von Weiblichkeiten oder Männlichkeiten ihre spezifische Identität realisieren, aber sie sind dabei keineswegs vollkommen frei. Auch im „Spiel" mit der Kategorie Geschlecht dürfen jene Grenzen, die von der herrschenden sozialen Ordnung festgesetzt werden, nicht folgenlos überschritten bzw. verletzt werden. Folgerichtig treten nun, in der vorläufig letzten Entwicklungsphase der Geschlechterforschung, Aspekte von Macht und Machtrelationen ins Zentrum des Interesses. Sowohl die Entstehungs- bzw. Konstruktionsbedingungen als auch die sozialen Konsequenzen unterschiedlicher Realisierungen von Geschlecht werden nun primär aus der Perspektive von Macht und Herrschaft erforscht.

In diesen theoretischen Kontext, der im folgenden näher erläutert wird, ist auch das vorliegende Buch einzuordnen.

1. Geschlecht als soziale Konstruktion
Hintergrund und Kern der neuen Geschlechtertheorie

Unsere Kultur ist zutiefst geprägt von der Vorstellung, Frauen und Männer seien von Natur aus verschieden – nicht nur im Hinblick auf ihre Fortpflanzungsorgane, sondern in viel umfassenderer Weise. Diese Vorstellung ist nicht trivial, sondern hatte und hat einschneidende und weitreichende Konsequenzen. Sie bestimmt und strukturiert nicht nur unser gesamtes Sozialwesen, sondern auch den Prozeß der individuellen, psychosozialen und psychosexuellen Entwicklung. Ihr ist die Aufspaltung der gesellschaftlich notwendigen Arbeiten in einen Sektor bezahlter Erwerbsarbeit, der als Männerdomäne gilt, und einen Sektor unbezahlter Haus- und Familienarbeit, der als Frauendomäne gilt, zuzuschreiben. Sie wird dadurch gerechtfertigt, daß Frauen und Männern unterschiedliche Eigenschaften, Fähigkeiten und Bedürfnisse unterstellt werden. Auch darüber besteht weitgehende Übereinstimmung, daß letztlich auch ihre enormen sozialen Auswirkungen naturgemäß und legitim seien, da sie sich letztlich in Abhängigkeit von den unterschiedlichen reproduktiven Funktionen der Geschlechter, also von ihrer Sexualität, entwickelten.

Diese ahistorischen und biologistischen Vorstellungen sind in den Alltagsvorstellungen vieler Menschen verankert und auch im gegenwärtigen wissenschaftlichen Diskurs noch präsent. Sie bilden die Basis des gesamten philosophischen Denkens in der westlichen Hemisphäre. Die gegenwärtig sich entwickelnde neue Theorie, derzufolge Geschlecht als eine soziale Konstruktion zu betrachten sei, steht dazu in einem Kontrast, der kaum größer sein könnte. Zum einen sieht sie Geschlecht nicht als eine unhinterfragbare natürliche Gegebenheit, sondern als Ergebnis vielfältiger und komplexer kultureller Prozesse, in denen soziale Aspekte der Macht und Machtunterschiede einen zentralen Stellenwert haben.

Die VertreterInnen der neuen Theorie sind sich daher im Gegensatz zu vielen Vertretern biologistischer Auffassungen der politischen Funktion des Konzepts Geschlecht durchaus bewußt. Während die traditionelle Auffassung von Geschlecht als gewissermaßen naturgegebenes „Schicksal" den Subjekten kaum entsprechende Handlungsfreiheiten eröffnet, läßt die sozialkonstruktivistische Auffassung von Geschlecht die Möglichkeit emanzipatorischer Bewegungen nicht nur offen. Diese ist geradezu integraler Bestandteil ihrer Theorie. Kann man den Traditionalisten den Vorwurf machen, sie zielten, möglicherweise unbewußt oder zumindest unreflektiert, auf die Stabilisierung und Legitimierung bestehender Verhältnisse ab, so betrachten es VertreterInnen der neuen Richtung als legitime Aufgabe ihrer Wissenschaft, dazu beizutragen, gesellschaftliche Diskriminierung und Unterdrückung abzubauen und aufzuheben. Durch ihren unvoreingenommenen, nicht von unhaltbaren Biologismen verstellten Blick auf die „Entstehungsbedingungen" und sozialen Konsequenzen von Geschlecht leisten sie einen entscheidenden Beitrag zur Realisierung der sowohl moralisch als auch juristisch bereits hinlänglich begründeten Forderung nach Geschlechtergerechtigkeit.

Der erste, entscheidende Schritt in diese Richtung bestand darin, Geschlecht differenzierter als bislang geschehen zu betrachten. Um zwischen biologischen und kulturellen Aspekten klarer unterscheiden zu können, wurden die Begriffe *Sex* und *Gender* eingeführt. Sex diente zur Bezeichnung der biologischen, im weitesten Sinn natürlich vorgegebenen Aspekte von Geschlecht, Gender zur Bezeichnung der kulturellen, sozial vermittelten Aspekte.

Gender umfaßt somit die Gesamtheit aller Vorstellungen und Erwartungen, die in einer Kultur in bezug auf Geschlecht existieren und die – nachweislich – in keinem unmittelbaren Zusammenhang mit biologischen Aspekten von Weiblichkeit und Männlichkeit stehen. Der Begriff bezieht sich also auf all jene Aspekte, die nicht universell, kulturübergreifend, überall auf der Welt und zu allen Zeiten feststellbar sind, sondern auf jene, die in bestimmten Kulturen,

Gesellschaften, Regionen, historischen Zeiträumen etc. auftreten bzw. erwartet werden.

In diese Kategorie fällt z.B. die in vielen Untersuchungen immer wieder geäußerte, in unserer Kultur weitverbreitete Annahme, Frauen seien generell sanftmütiger, emotionaler, passiver und beziehungsorientierter als Männer, Männer ihrerseits generell aggressiver, rationaler, aktiver und unabhängiger als Frauen.

In diesem Beispiel wird zugleich auch die innere Struktur von Geschlecht sichtbar. Es wird als System mit zwei unterschiedlichen Ausprägungen, Kategorien gedacht, die einander in polarer Gegensätzlichkeit gegenüberstehen. Die Zuschreibung bestimmter weiterer Merkmale zu diesen Kategorien erfolgt dann in einer Weise, die deutlich macht, daß diese Gegensätzlichkeit keineswegs machtneutral ist, sondern letzten Endes der Konstruktion des spezifischen Machtgefälles zwischen Frauen und Männern dient.

In der einleitend dargestellten radikalsten Sichtweise der neuen Geschlechterforschung wird nicht nur Gender als kulturelles Konstrukt betrachtet, sondern auch die Kategorie Sex. Auch sie wird nicht als ein naturgegebenes Merkmal menschlichen Seins begriffen, an das kulturelle Aspekte später einfach angeknüpft werden. Vielmehr werden auch die körperlichen Erscheinungsformen von Geschlecht (mit Ausnahme der Geschlechtsorgane selbst) als kulturelle Konstruktionen aufgefaßt, die den Prozeß der symbolischen und sozialen Konstruktion von Geschlecht logisch vollenden und abschließen. Dahinter steht der Gedanke, daß sich Kultur sozusagen nicht nur in die Köpfe, sondern auch und vor allem in die Körper der Menschen einschreibt und somit letztlich auch die entsprechenden biologischen Merkmale hervorbringt.

Auf diesem Hintergrund kann die in unserer Gesellschaft beobachtbare durchschnittliche Überlegenheit von Männern in bezug auf Körpergröße und -kraft darauf zurückgeführt werden, daß über Jahrhunderte hinweg die unterschiedlichen kulturellen Vorstellungen von Männlichkeit und Weiblichkeit sowohl das Ernährungsverhalten als auch das körperliche „Training" der Menschen in spezifischer Weise beeinflußt haben.

Männer nehmen auch heute noch durchschnittlich mehr und andere Nahrungsmittel und (vor allem) Getränke zu sich als Frauen, sie treiben mehr und anderen Sport als Frauen, sie entwickeln deshalb zwangsläufig eine andere Statur als Frauen. Vervollständigt wird diese Konstruktion durch das gesellschaftliche Bewertungssystem, demzufolge große und kräftige, robuste, selbst dickleibige Männer eher als kleine und zierliche („Männchen") als „richtige" Männer betrachtet werden und dementsprechend schmale, schlanke, zierliche Frauen eher als große, kräftige und robuste als „richtige" Frauen.

Die neue Geschlechterforschung leugnet damit keineswegs die Existenz biologischer Fakten. Sie weist nur in aller Deutlichkeit darauf hin, daß diese Fakten an sich bedeutungslos sind und tatsächlich erst durch die klassifikatorischen Praktiken einer Gesellschaft bedeutsam gemacht werden. Anders gesagt: Natürlich gibt es Geschlecht, aber es gibt keine natürlichen Geschlechterkategorien.

Die Natur kennt keine Kategorien und bringt auch keine hervor. Kategorien sind immer gesellschaftlich produziert und haben den Zweck, menschliche Erfahrungen zu ordnen und zu organisieren. Um unbestreitbare Unterschiede zwischen individuellen Menschen als Kategorien etablieren zu können – seien es Rassen-, Klassen- oder eben Geschlechterkategorien –, müssen einerseits die zwischen ihnen bestehenden Gemeinsamkeiten weitgehend negiert oder bagatellisiert und andererseits die Unterschiede dramatisiert, in systematischer Weise hervorgehoben, durch Wertungen gewichtet und durch gesellschaftliche Mechanismen forciert werden (in diesem Zusammenhang sind auch die Funktionen von Massenmedien einzuordnen, die ich später behandeln werde).

Ausgangspunkt und Grundlage für die Zuschreibung von Weiblichkeit und Männlichkeit ist in der Sicht der neuen Theorie nicht die Natur, der „natürliche" Körper, sondern vielmehr die herrschenden kulturellen

Vorstellungen und Erwartungen, also Gender. Die Geschlechterunterschiede müssen sozusagen zuerst in den Köpfen der Menschen etabliert sein, um sich dann auch ihren Körpern einschreiben zu können. Nicht Biologie und biologische Fakten führen zum gegenwärtig existierenden Geschlechtersystem, sondern die kulturelle Praxis der Klassifikation, deren Ziel die bewußte Herstellung einer Ordnung ist. Der Herrschaftscharakter wird verschleiert und unsichtbar gemacht, wenn diese Kategorien als natürlich gegebene dargestellt und wahrgenommen werden.

Die Sozialisationsforschung hat ausführlich beschrieben, wie das komplexe und umfassende System kultureller Vorstellungen und Erwartungen in bezug auf Weiblichkeit und Männlichkeit von Generation zu Generation weitergegeben und im Zuge der psychosozialen und psychosexuellen Entwicklung von den einzelnen Individuen in aller Regel übernommen und weitgehend verinnerlicht wird. Die Einordnung jedes Individuums in die biologische Kategorie Sex ist dabei der erste, entscheidende Schritt.

Diese in der Regel einmalige, unwiderrufliche und lebenslang gültige Klassifizierung als Mann oder Frau erfolgt bei (oder mittels Ultraschalldiagnose in zunehmendem Maß bereits vor) der Geburt. Dabei werden dem äußeren Augenschein nach die Neugeborenen mit erkennbar männlichen Geschlechtsorganen der Kategorie „männlich", die ohne erkennbar männliche Geschlechtsorgane der Kategorie „weiblich" zugeordnet. Dieser Vorgang folgt keiner natürlichen Gegebenheit, sondern ist eine prototypische soziale Klassifikation, denn er beruht auf der zwar enorm selbstverständlichen, nichtsdestoweniger aber weitgehend unbegründeten Annahme, daß Geschlecht eine Kategorie mit nur zwei Ausprägungen sei, die als binäre Oppositionen angelegt sind.

Ironischerweise wächst nicht zuletzt infolge der fortschreitenden Verfeinerung der biologischen, physiologischen, endokrinologischen etc. Forschungsmethoden die Erkenntnis, daß weder unter genetischen noch unter hormonellen Gesichtspunkten von einer derartigen klaren und eindeutigen Unterscheidung zwischen ausschließlich zwei Geschlechtern die Rede sein kann. Vielmehr kommen ständig neue Hinweise ans Licht, daß bereits auf biologischer Ebene tatsächlich eine Vielfalt von Geschlechtern existiert bzw. daß die Grenzen zwischen den klassischen Geschlechterkategorien durchaus fließend sind. Entgegen dieser Erkenntnis, daß schon im biologischen Bereich viele Zwischenstufen zwischen „eindeutiger" Männlichkeit und „eindeutiger" Weiblichkeit existieren, wird an der Idee von der polaren Zweigeschlechtlichkeit festgehalten. Die traditionell starren Grenzen zwischen unterschiedlichen Forschungsdisziplinen sowie die marginale Position der modernen Geschlechterforschung innerhalb der Wissenschaftshierarchie lassen vermuten, daß die radikalen Thesen zur Geschlechtskonstruktion in der Biologie bisher überhaupt noch nicht zur Kenntnis genommen worden sind. Aber es spricht auch einiges dafür, daß die Ursachen für das beharrliche Festhalten an alten Vorstellungen, die sich zunehmend als unzutreffend erweisen, ebenso wie diese selbst im Kontext der Erhaltung des traditionellen Verhältnisses der Geschlechter zu suchen sind.

Mit der erstmaligen Einordnung jedes Individuums in das System der polaren Zweigeschlechtlichkeit beginnt der umfassende Prozeß der kulturellen Vergeschlechtlichung in Form eines „fortwährenden Sortierungsvorgangs, der die Angehörigen beider Klassen einer unterschiedlichen Sozialisation unterwirft", den Goffman ausführlich darlegt.* Dieser Vorgang zielt darauf ab, in den zuvor biologisch als männlich klassifizierten Individuen eine weitgehende Identifikation mit den vorherrschenden Männlichkeitsvorstellungen und in den biologisch als weiblich klassifizierten Individuen eine weitgehende Identifikation mit den kulturellen Weiblichkeitsaspekten herbeizuführen.

Aus der Sicht der neuen Geschlechtertheorie ist die Verknüpfung von Sex und Gender zum komplexen System Geschlecht keineswegs als Automatismus, als eine quasi biologisch programmierte Verkettung zu verstehen. Sie wird vielmehr als ein hochkomplexes soziales Geschehen betrachtet, an dem eine Vielzahl von Sozialisationsinstanzen und gesellschaftlichen Institutionen beteiligt sind – angefangen von Eltern, Geschwistern, Freundesgruppen über Kindergärten und Schulen bis hin zu den Massenmedien. Die Genderisierung wird als ein allgegenwärtiger, tief in die Strukturen des alltäglichen Lebens verwobener Prozeß begriffen, der eben dadurch eine enorme Wirkung entfaltet. Er läßt Geschlecht nicht nur als etwas vollkommen Natürliches erscheinen, sondern vermittelt zugleich auch die Vorstellung, Geschlecht sei die zentrale und überhaupt bedeutsamste Kategorie unseres Lebens.

Während frühere Ansätze in der Sozialisationsforschung die Vermittlung kultureller Geschlechtermerkmale als Aspekt einer „natürlichen" Entwicklung gesehen und nicht weiter hinterfragt haben, betrachtet die neue Geschlechterforschung die Naturalisierung und das Bedeutsammachen von Geschlecht als die wesentlichsten Aspekte im gesamten Prozeß der Genderisierung. Sie garantieren, daß uns die Vorstellungen von der Unterschiedlichkeit der Geschlechter als stichhaltig erscheinen und wir sie als Grundlage unserer sozialen Arrangements akzeptieren.

* E. Goffman, *Interaktion und Geschlecht*, Frankfurt/M., New York 1994.

Endgültig und erfolgreich abgeschlossen ist der Prozeß der Genderisierung, wenn sich der kulturelle Genderkomplex psychisch sedimentiert und in Form einer individuellen Geschlechtsidentität im Selbst etabliert hat. Dort entwickelt er sich, wie Sandra Bem in den 80er Jahren nachweisen konnte, zu einem kognitiven Schema, das alle psychischen Funktionen – von der Wahrnehmung über das Denken und Fühlen bis hin zum Handeln – in durchgehend genderspezifischer Weise strukturiert. Von einer entwickelten Geschlechtsidentität sprechen wir dann, wenn ein Individuum Gender vollkommen verinnerlicht hat, wenn es sich in bezug darauf entwickelt und sich selbst hinsichtlich der entsprechenden Idealvorstellungen von Weiblichkeit oder Männlichkeit beurteilt. Somit wird Gender zur wichtigsten Quelle der Selbstidentifikation.

Unter dem enormen Druck der allgegenwärtigen normativen Genderisierungsprozesse entwickeln wir unsere Geschlechtsidentitäten in aller Regel – jedoch keineswegs zwangsläufig – entsprechend diesen vorgegebenen Normen. Da die psychosozialen Prozesse, die zur Entwicklung einer individuellen Geschlechtsidentität führen, höchst komplex und vielschichtig sind, können sich durchaus auch Konstellationen ergeben, die den ursprünglichen Vorstellungen nicht unbedingt entsprechen. Anders gesagt: Die Genderisierung von zuvor biologisch als männlich oder weiblich klassifizierten Individuen verläuft nicht immer „erfolgreich" im Sinn des herrschenden Geschlechterkonzepts. Es kommt dabei immer wieder auch zu unerwünschten Verbindungen, die von der Gesellschaft als „unzureichend", „gegenläufig", als „falsch" oder gar „krank" klassifiziert werden. Die entsprechenden Individuen treten als „unmännliche" oder „feminine" Männer und als „unweibliche" oder „maskuline" Frauen in Erscheinung.

In einer Kultur der eindeutigen und polaren Zweigeschlechtlichkeit wird solchen Individuen jedoch kein eigener, gleichwertiger Status zugebilligt (hier sei nur am Rande vermerkt, daß andere Gesellschaften durchaus offenere Geschlechterkonzeptionen entwickelt haben, die ihnen ermöglichen, mehr als zwei Geschlechter anzuerkennen und gleichwertig nebeneinander existieren zu lassen).

Die Konzeption einer polaren Zweigeschlechtlichkeit kennzeichnet Menschen, die nicht in dieses Schema passen, als defizitär und mangel- oder fehlerhaft. In unserer Gesellschaft werden Transsexuelle, nicht zuletzt auch aus eigener Perspektive, als klinische Fälle betrachtet, die einer Korrektur bedürfen. Das Bedürfnis, die eigenen Geschlechtsorgane operativ umwandeln zu lassen, um eine subjektiv als quälend empfundene „falsche" Verknüpfung nachträglich zu korrigieren, und die Bereitschaft, dafür vieles in Kauf zu nehmen, macht vor allem auch deutlich, daß der subjektive Stellenwert von Geschlecht hoch anzusetzen ist und den einer simplen sozialen Rolle bei weitem übersteigt.

Aus der Perspektive der Theorie von Geschlecht als sozialer Konstruktion gelten Menschen mit von der Norm abweichenden Geschlechtsidentitäten – sogenannte *gender blenders* oder auch *cross gender*-Persönlichkeiten – nicht als abnorm oder krank, sondern als lebende und äußerst stichhaltige Beweise für die Durchschlagskraft kultureller Normen im Prozeß der psychosozialen Entwicklung. Ihre Existenz legt den zutiefst kulturellen Charakter dieser Verknüpfung frei. Sie beweisen, daß die Verknüpfung von Sex und Gender keiner Naturgesetzlichkeit folgt, sondern das – wie auch immer gestaltete – Ergebnis des Versuchs ist, die kulturellen Glaubensvorstellungen – und damit auch die diesen innewohnenden Machtstrukturen – im Kern des individuellen Selbst zu verankern.

In dem von der „kritischen Männer- und Männlichkeitsforschung" der 90er Jahre im Rahmen der neuen Geschlechtertheorie entwickelten Begriff der „hegemonialen Männlichkeit" wird dieser Aspekt der Machtrelationen besonders hervorgehoben. Diese sind nicht nur zwischen, sondern auch innerhalb der Geschlechterkategorien von Bedeutung und wirksam und halten damit nicht nur die traditionelle Geschlechterordnung aufrecht, sondern auch die ihr zugrundeliegende Vorstellung von Männlichkeit als Dominanz.

Denn nicht jede beliebige individuelle Realisation von Männlichkeit wird entsprechend belohnt, sondern nur die hegemoniale, das heißt dominante Form von Männlichkeit, die sich über die Unterdrückung von Weiblichkeit und untergeordnete Männlichkeiten und eine streng heterosexuelle Ausrichtung definiert. Die hegemoniale Männlichkeit entspricht der traditionellen sozialisatorischen Norm und wird auch von den untergeordneten Männlichkeiten und der subdominanten Weiblichkeit als grundsätzlich „richtig" und überlegen anerkannt. Realisationen von Männlichkeit, die diesen Vorstellungen nicht entsprechen, z.B. Homosexuelle sowie jene von Teresa deLauretis als exzentrisch bezeichneten Weiblichkeiten, die sich Männern weder freiwillig unterordnen noch sie als Sexualobjekte begehren, sind subdominant. Solche Identitäten tauchen in der Perspektive der neuen Geschlechterforschung zum ersten Mal als gleichwertige, politisch relevante, möglicherweise subversive Identitäten auf.

2. Doing Gender
Geschlecht als Darstellungsleistung

Der komplexe und vielfältige Prozeß der Sozialisation hat zur Folge, daß sich Individuen in aller Regel als eindeutig männlich oder weiblich betrachten und dieses Merkmal für einen wesentlichen Aspekt ihrer Identität halten. Sie haben sich einen hinreichenden Anteil der ihnen zugewiesenen kulturellen Gendervorstellungen einverleibt und drücken ihr Geschlecht durch eine ihrer Geschlechtsidentität angemessene Weise der äußeren Erscheinung, des Handelns, Fühlens und Denkens aus. Sie essen und trinken wie ein Mann oder wie eine Frau, sie kleiden und verhalten sich wie ein Mann oder wie eine Frau, sie denken und fühlen wie ein Mann oder eine Frau, sie sprechen und handeln wie ein Mann oder eine Frau.

Durch ihre durchgenderisierte Existenzweise, ihr alltägliches Verhalten und in ihren Begegnungen mit anderen Menschen bringen sie in jedem Moment unmißverständlich und permanent zum Ausdruck, in welche Geschlechtskategorie sie eingeordnet wurden bzw. in welche sie – im Fall transsexueller Persönlichkeiten – lieber eingeordnet worden wären. Diese Aktivitäten bezeichnen wir als „doing gender". Der gesellschaftliche Konstruktionszusammenhang wird aufgrund der Naturalisierung von Gender und der Verankerung des bipolaren Geschlechtssystems in Form

einer Geschlechtsidentität ausgeblendet und kann nicht mehr reflektiert werden.

Das „doing gender" hat zwei wesentliche Funktionen: Zum einen wird durch die permanente und eindeutige Selbstdarstellung von Individuen als Frauen und Männer das bipolare Geschlechterkonzept immer wieder zum Ausdruck gebracht und ununterbrochen bestätigt und bekräftigt. Zum anderen läßt diese ununterbrochene Tätigkeit durch ihre tiefe Einbettung in das alltägliche Leben und alltägliche Interaktionen Geschlecht als essentielle und vielleicht wichtigste Kategorie unseres Lebens erscheinen.

Wenn Geschlecht einmal als System etabliert ist, können diese Funktionen auch nicht mehr davon beeinträchtigt werden, daß einzelne Individuen von der vorgegebenen Norm abweichen, Gendergrenzen gelegentlich verschliffen oder sogar durchbrochen werden. Denn in einer Kultur, die in allen Schichten und Bereichen vom System der polaren Zweigeschlechtlichkeit durchdrungen und geformt ist, ist es schlichtweg unmöglich, Geschlecht nicht zu „machen".

Ob dieses Tun den Erwartungen im Sinn der normativen Sex-Gender-Verknüpfung entspricht oder nicht, ist letztlich völlig unerheblich. Jede Äußerung, jede Handlung, jede soziale Aktivität ist geschlechtlich ko- diert, das heißt einer der beiden Genderkategorien zugeordnet. Jede Äußerung oder Handlung bestätigt das System Geschlecht und seine Re- levanz.

Je nach vorgängiger Einordnung einer Person in das Geschlechter- system werden ihre Erscheinung, ihre Äußerungen und Verhaltens- weisen dem Genderschema entspre- chend als passend oder unpassend bewertet. Spricht eine biologisch als Mann klassifizierte Person mit lauter, sonorer, eher eintöniger, kaum mo- dulierender Stimme und gestikuliert dazu mit weitausholenden Bewe- gungen, dann entspricht dieses Ver- halten unseren genderspezifischen Erwartungen. Es macht den Mann ein bißchen mehr zu einem „richtigen" Mann. Es ist, ebenso wie andere do- minante Verhaltensweisen, z.B. breit- beiniges Sitzen, ausdruckslose Mimik und direktes, unverwandtes Starren, männlich kodiert und damit für Frau- en im Prinzip tabu.

Benutzt eine als Frau klassifizierte Person entsprechende Verhaltens- muster, dann durchbricht sie damit genderspezifische Erwartungen. Ihr Verhalten stellt allerdings keineswegs das Gendersystem, sondern nur ihre eigene Identität in Frage, denn sie wirkt dadurch weniger „weiblich". Um als „richtige" Frau wahrgenom- men zu werden, müßte sie konträre, also deutlich emotional aufgeladene oder unterwürfige Verhaltensweisen an den Tag legen: mit leiser Stimme,

in vergleichsweise hoher Stimmlage und in variableren Intonationsmu- stern sprechen, die Töne länger aus- gleiten lassen und stärker behauchen und die Arme dabei eng am Körper halten. Solche Verhaltensmuster wir- ken exaltiert, emotional involviert, emphatisch und wenig selbstbewußt. Sie würden einen Mann bedeutend unmännlicher wirken lassen. In der bewußten männlichen Selbstdar- stellung tauchen solche Merkmale daher nur dann auf, wenn eine Frau oder ein schwuler Mann imitiert wer- den sollen.

Unabhängig von den durchaus auch unangenehmen Auswirkungen, die eine unvollkommene, ambivalen- te oder „falsche" Selbstdarstellung auf individueller Ebene haben kann, z.B. in Form verwunderter, irritierter, mißbilligender Äußerungen der so- zialen Umgebung oder gar falscher Geschlechtszuordnungen –, sie be- stätigen ebenso wie passende Verhal- tensweisen in jedem Fall die soziale Relevanz des bipolaren Geschlech- tersystems.

Die soziale Funktion des „doing gender" besteht nicht darin, uns über das biologische Geschlecht eines Menschen zu informieren. Davon könnten wir uns ganz einfach durch einen Blick auf die Geschlechtsor- gane überzeugen. Dies wird aber in aller Regel durch die Kleidung ver- hindert. Daß diese nicht nur dem Schutz des Körpers vor der Natur dient, sondern immer auch als kultu- reller Zeichenträger fungiert, der sich der Natur überlagert, darf als bekannt vorausgesetzt werden. Die Art, Qualität und spezifische Gestaltung von Kleidung verweist nicht auf unsere Natur, sondern macht wesentliche soziale Merkmale sichtbar – z.B. unsere Zugehörigkeit zu bestimmten Kulturen oder Gesellschaften, zu bestimmten gesellschaftlichen Schichten oder Gruppierungen, unseren sozialen Status, gesellschaftliche Rollen etc.

Keine andere Funktion haben auch geschlechtsspezifische Bekleidungsmuster. Auch sie dienen dazu, wesentliche soziale Aspekte der Kategorie Geschlecht deutlich zu machen und ihre beiden Ausprägungen zueinander in eine Beziehung zu setzen, die ihren unterschiedlichen gesellschaftlichen Stellenwert deutlich macht und die Kategorie als relevant bestätigt.

Dies läßt sich einfach deutlich machen. „Männliche" Kleidung ist weitgehend eine Frage von Persönlichkeit und Status. Sie ist funktional und bequem und ermöglicht die soziale Verortung ihres Trägers innerhalb der jeweiligen sozialen Hierarchie. „Weibliche" Kleidung hingegen wird vor allem unter dem Aspekt der heterosexuellen Attraktivität, das heißt nach einseitig aus männlicher Perspektive entwickelten Maßstäben bewertet: Sie soll die Figur vorteilhaft zur Geltung bringen, hinreichende Einblicke ermöglichen, ausreichend Haut freilassen und angemessen *sexappeal* ausstrahlen.

Berufstätige Frauen geraten, wenn sie innerhalb der sozialen Hierarchie aufsteigen und damit ebenso wie Männer ihren Status auch kleidungsmäßig zum Ausdruck bringen müssen, durch die generellen Vorgaben, als „Frau" zu erscheinen, in eine schwierige Lage, die Männer kaum aus eigener Erfahrung kennen: Sie müssen sich quasi entscheiden, ob sie durch entsprechend seriöse Kleidung dem Ausdruck von Status den Vorrang geben, was dazu führen kann, daß sie als „blaustrümpfig" oder prüde etikettiert werden, oder ob sie sich den allgemeinen Vorschriften der femininen Attraktivität unterwerfen, was ihnen unter Umständen eine soziale Fehleinschätzung oder gar die Einschätzung als „leichtes" und verfügbares Mädchen einbringt.

Entsprechend der im vorigen Abschnitt dargestellten grundlegend neuen Vorstellung von Geschlecht als naturalisiertem Ordnungsfaktor, der die kulturellen Vorstellungen von Weiblichkeit und Männlichkeit in die konkreten Körper einschreibt, ist der Körper das bei weitem effektivste Gendersignalsystem. Wir können ihn nicht ablegen wie ein unpassendes Kleidungsstück, er ist immer dabei. In ihm verschmilzt gesellschaftliche Ideologie mit persönlicher Identität zu einer nahezu untrennbaren Einheit.

Der Körper ist Medium und Instrument des ursprünglichsten, des einzigen natürlich gegebenen und des wichtigsten Kommunikationsinstruments, über das wir verfügen – der Körpersprache. Aufgrund seiner spezifischen Eigenschaften eignet sich dieses Instrument mehr als alle anderen, Geschlecht zu naturalisieren und sozial bedeutsam zu machen.

Erstens transportieren viele Zeichen der Körpersprache aufgrund ihrer vorkulturell gegebenen Natürlichkeit universell gültige Bedeutungen; zweitens ist Körpersprache ein hochkomplexes System, das nicht nur einen kommunikativen Kanal besetzt, sondern den ganzen Körper und all seine Äußerungsweisen umfaßt und daher in seiner Gesamtheit schwer vollkommen zu kontrollieren ist; drittens ist sie pausenlos, ununterbrochen aktiv; und viertens ist die Körpersprache unser wichtigstes soziales Kommunikationsinstrument, das über 70 Prozent aller sozialen Informationen transportiert. Aus diesen Gründen wird sie in allen bekannten Kulturen immer schon dafür benutzt, bestehende soziale Ordnungen auszudrücken.

Zu diesem Zweck werden Vorschriften entwickelt und Regeln aufgestellt, die die konkrete Benutzung der Körpersprache in Abhängigkeit von sozialen Merkmalen der Personen festlegen. Die Körpersprache wird dadurch weitgehend formalisiert und ritualisiert. Unterschiedliche Verhaltensrepertoires werden festgelegt und bestimmten sozialen Gruppierungen zur ausschließlichen Benutzung zugeteilt. Durch Erteilung einseitiger Privilegien und die Errichtung wechselseitiger Tabus wird sichergestellt, daß die sozialen Grenzen, die durch diese Maßnahmen deutlich gemacht und gesichert werden sollen, nicht verschliffen oder übertreten werden. Dadurch wird es möglich, Menschen innerhalb eines solchen Systems allein aufgrund ihrer Körpersprache und ihrer spezifischen Interaktionsmuster mit anderen sozial zu verorten.

Soziale Positionen werden beispielsweise durch räumliche Metaphern angezeigt. Durch höheren Raumanspruch und Verfügung über größere und bessere Räume machen sozial hochstehende Personen ihren Rang unmißverständlich deutlich. Im sozialen Umgang erweisen ihnen Untergeordnete durch die Einhaltung respektvoller Distanzen ihre Achtung. Während sie anderen durchaus nahetreten und sie sogar berühren dürfen, sind sie selbst durch ein entsprechendes Berührungstabu vor Übergriffen weitgehend sicher.

Ich habe mich mit Ritualisierungen und Formalisierungen der Körpersprache unter den Bedingungen der Geschlechtskonstruktion an anderer Stelle, vor allem in dem Buch „Wie Katz und Hund", bereits ausführlich auseinandergesetzt und aufgezeigt, daß und wie sich die zentralen Annahmen und Erwartungen unserer Kultur im Hinblick auf Weiblichkeit und Männlichkeit auf die konkrete Benutzung der Körpersprache durch Frauen und Männer auswirken. Ein

Ergebnis ist die Aufspaltung des gesamten Repertoires der Körpersprache, wobei jedem Geschlecht ein in ganz spezifischer Weise eingeschränktes Verhaltensrepertoire zugewiesen wird. Dadurch werden nicht nur ihre jeweiligen Ausdrucksmöglichkeiten stark eingeschränkt, sondern letztlich eine Kommunikation auf gleicher Ebene zwischen ihnen praktisch verunmöglicht.

Das Frauen als angemessen zugewiesene Repertoire befähigt sie vor allem zur differenzierten Kommunikation auf emotionaler Ebene, beeinträchtigt aber durch die Tabuisierung dominanter Ausdrucksformen die Kommunikation auf vertikaler Ebene bzw. legt Frauen innerhalb hierarchisch strukturierter Muster faktisch auf den Ausdruck von Unterordnung und Unterwerfung fest. Umgekehrt befähigt das „männliche" Repertoire seine Protagonisten einseitig zur Kommunikation auf vertikaler Ebene. Hegemoniale Männlichkeit wird durch Verhaltensmuster zum Ausdruck gebracht, die Dominanz und Überlegenheit auch auf aggressive Weise signalisieren. In diesem Kontext kann der Ausdruck „weicher" Emotionen nur als Zeichen von Schwäche interpretiert werden.

Da Geschlecht keine simple soziale Rolle ist, sondern ein wesentlicher, möglicherweise *der* zentrale Aspekt menschlicher Identität, hat die geschlechtsspezifische Ritualisierung der Körpersprache wesentlich weitreichendere und tiefergehende Auswirkungen als Ritualisierungen auf der Grundlage sozialer Rollen. Ihre Wirkungen werden durch die genannten besonderen Qualitäten der Körpersprache noch verstärkt, in denen sie sich von anderen rein symbolischen Kommunikationssystemen unterscheidet.

Vor dem Hintergrund ihrer ursprünglichen Natürlichkeit entfalten die Rituale der Unterwerfung und Unterordnung auf der einen Seite des polaren Geschlechtersystems und der ritualisierte Ausdruck von Selbstbewußtsein, Dominanz und Konkurrenzstreben auf der anderen Seite eine enorme, auf das Selbst rückwirkende Kraft, die dazu beiträgt, das System weiter zu stabilisieren.

Im letzten Abschnitt dieses Buchs werden verschiedene Übungen zur Dekonstruktion von Geschlecht vorgeschlagen, in denen diese reflexive Kraft der Rituale versuchsweise im Sinn positiver Veränderungen nutzbar gemacht werden kann.

3. Geschlecht als Mythos
Die Funktion der Massenmedien im Prozeß der Geschlechterkonstruktion

Die Gesellschaft unterstützt das „doing gender" ihrer Mitglieder in vielfältiger Weise. Sie stellt zum einen die Rahmenbedingungen her, die den Geschlechtern unterschiedliche Entwicklungen vorschreiben bzw. ermöglichen (z.B. durch geschlechtsspezifische Zugangsbeschränkungen zu bestimmten gesellschaftlichen Institutionen wie Militär, Kirche, Sportorganisationen, Freizeitclubs etc.). Insbesondere durch die Einrichtung paralleler Organisationen der Geschlechter in vielen mehr oder weniger entscheidenden Lebensbereichen trägt sie dazu bei, die Kategorie Geschlecht als bedeutsam erscheinen zu lassen (z.B. durch die Differenzierung in Mädchen- und Jungenspielzeug, Mädchen- und Jungenbücher, Mädchen- und Jungenschulen, Männer- und Frauenarbeit, Damen- und Herrenbekleidung, Damen- und Herrentoiletten etc.).

Parallele Anordnungen sind dazu da, dort Unterschiede zu schaffen, wo möglicherweise keine bestehen, und bestehende Unterschiede zu dramatisieren und aufzuwerten. Sie benutzen das Mittel der Trennung der Geschlechter ganz im Sinn einer Apartheidspolitik dazu, Ungleichheit zu veranschaulichen und bedeutsam zu machen. Entscheidend für ihre Wirkung ist, daß sie nicht als Auslöser der Ungleichheit wahrgenommen, sondern als deren natürliche Folge hingestellt werden. Tatsächlich sind parallele Anordnungen – das zeigt der Vergleich mit der Rassenpolitik – ideal, einer Ungleichheit allgemeine Anerkennung zu verschaffen.

Im Kontext von Enkulturation und Sozialisation gewinnen im Vergleich mit den traditionellen Instanzen Familie und Schule als Agenten eines hegemonialen Männlichkeits- und eines marginalisierenden Weiblichkeitskonzepts zunehmend die Medien an Macht und Einfluß.

Sie bieten stereotype, teilweise extrem sexistische Vorstellungen von Weiblichkeit und Männlichkeit als Vorbilder für die individuelle Konstruktion von Geschlecht an. Diese Funktion der Massenmedien wird seit rund dreißig Jahren weltweit wahrgenommen und erforscht. In allen Bereichen wurden dabei immer wieder deutliche, teilweise krasse Unterschiede in der Darstellung der Geschlechter festgestellt. Nachfolgend fasse ich die wesentlichen Erkenntnisse jener Untersuchungen zusammen, die das Frauenbild im zentralen Unterhaltungsmedium Fernsehen betreffen:

- Frauen sind in der Regel quantitativ deutlich unterrepräsentiert und treten seltener als Männer in wichtigen Funktionen oder handlungsrelevanten Rollen auf.
- Frauen werden weitgehend auf äußerliche Attribute wie Jugend-

lichkeit, Schlankheit, adrette Kleidung, heterosexuelle Attraktivität festgelegt; Frauen werden durch ständigen Bezug auf männliche Akteure als von Männern abhängig bzw. vorrangig an der Herstellung heterosexueller Bindungen interessiert dargestellt.

- Frauen sind praktisch nie – im Gegensatz zu unzähligen männlichen Helden – vollkommen frei und bindungslos, sondern Töchter, verheiratet oder auf Partnersuche.
- Frauen verhalten sich Männern gegenüber zumeist unterwürfig, fürsorglich und pflichtbewußt.
- Frauen scheinen an beruflichem Fortkommen wenig interessiert; sie stellen die eigene Berufstätigkeit, in der Regel in statusniedrigen Berufen und untergeordneten Positionen, der ihrer Partner meist freiwillig hintan.
- Als einzig befriedigende Lebensform von Frauen wird die Ehe dargestellt; alleinstehende Frauen kommen so gut wie nie vor.
- Sogenannte Karrierefrauen (ein Begriff, für den es keine männliche Entsprechung gibt, da Karriere dem Männlichkeitskonzept immanent ist und deshalb nicht extra benannt werden muß) werden oft in negativierender Weise inszeniert, die im Hinblick auf Zuschauerinnen eine eher bedrohliche als attraktive Wirkung vermuten läßt.

Berufliche Verwirklichung in Verbindung mit einer glücklichen Partnerschaft realisieren im Fernsehen in der Regel nur die männlichen Figuren. Männer werden überhaupt weniger stereotypisiert und eingeschränkt, vielmehr in vielfältiger Weise und ohne Begrenzung auf einen bestimmten Altersbereich dargestellt. Sie entstammen unterschiedlichsten gesellschaftlichen Schichten und üben unterschiedlichste Berufe aus. Sie sind auf allen hierarchischen Ebenen präsent und über alle gesellschaftlichen Bereiche verteilt (als Chefs und Untergebene, Verbrecher und Polizisten, Manager und Playboys, einsame „Wölfe" und liebevolle Ehemänner usw.). Sie werden in vielfältiger, im Prinzip das komplette menschliche Spektrum umfassender Weise charakterisiert (als erfolgreich oder Versager, als kompetent, aufgeschlossen, selbstsicher, aktiv, stark, kreativ, potent, gewaltbereit etc.)

Das mediale Bild der Geschlechter erweist sich somit, nicht zuletzt aufgrund eines eklatanten Frauenmangels in den Entscheidungs- und Machtpositionen auf der Produktionsseite, genaugenommen als ein – recht einseitiges – Bild des Mannes von den Geschlechtern. Auf diese Weise konstruieren die Unterhaltungsmedien die Welt als eine Welt der Männer, in der Frauen nur eingeschränkte und keineswegs eigenständige, sondern vollkommen auf das andere Geschlecht bezogene Funktionen haben. In der Darstellung von Frauen reflektieren sich weder konkrete weibliche Lebenszusammenhänge, noch wird in irgendeiner

Weise auf genuin weibliche Bedürfnisse, Wünsche, Lüste, Obsessionen Bezug genommen. Mit wirklichen Frauen haben diese Bilder nur insofern etwas gemein, als sie als Projektionsfläche für die unterschiedlichsten Wünsche oder Ängste des männlichen Geschlechts im Hinblick auf das weibliche dienen.

Die geschlechtssensible Medienforschung deckt auf, daß der mediale Blick auf die Welt und die Frauen ein grundsätzlich männlicher und heterosexueller Blick ist. Als hegemonialer *male gaze* gibt dieser Blick seine Lesart der Texte als Norm vor, der sich subdominante Männergruppen (Schwule, Schwarze, Behinderte etc.) wie natürlich die insgesamt als subdominant betrachtete Gruppe der Frauen zu unterwerfen haben. Offen bleibt, ob diesem Blick tatsächlich ein *oppositional gaze* wirksam entgegengestellt werden kann, der, wie die schwarze amerikanische Feministin bell hooks meint, die hegemoniale Lesart subversiv wenden und damit allen subdominanten gesellschaftlichen Gruppen, insbesondere den Frauen, die macht- und lustvolle Möglichkeit eröffnen könnte, die gegebenen Texte nicht in der vorgeschriebenen Weise, sondern auch gegen den Strich zu lesen.

Inhaltlich liegt die besondere Wirkmächtigkeit visueller Medien als Vorbildlieferanten letztlich darin begründet, daß sie ihre Botschaften nicht im Modus der abstrakten verbalen Sprache und in Form von Konzepten vermitteln, sondern sich des Modus der präsentativen Symbolik bedienen können. Sie sprechen nicht in Worten, sondern in Bildern. Ihre „Texte" werden unmittelbarer aufgenommen und entfalten ihre Wirkung weitgehend außerhalb bewußter Kontrolle. Das visuelle Medium ermöglicht eine latente Propaganda, die ihre Inhalte auf unterschwellige und insofern besonders effektive Weise ideologisiert (ganz bewußt setzte der Nazi-Chefideologe Goebbels während des 2. Weltkriegs vor allem „harmlose" Unterhaltungsfilme ein, um das deutsche Volk bei der Stange zu halten).

Aufgrund dieser Fähigkeit sind visuelle Medien auch ideale Mittel zur Konstruktion und Kommunikation von Mythen. Ein Mythos, in der Definition des französischen Strukturalisten Roland Barthes, ist vor allem eine ideologische Aussage: Die Beziehung zwischen seiner Aussage und dem Objekt, auf das sie sich bezieht (z.B. „Weiblichkeit ist Schönheit und Sanftmut"), ist keine Beziehung der Identität, sondern nur eine der Äquivalenz. Dieser Satz ist demnach keine Lüge. Er ist weder wahr noch falsch. Das Besondere am Mythos liegt darin, daß er nicht als Ideologie erkannt wird, daß er als ein System von Fakten betrachtet wird, obwohl er in Wirklichkeit nur ein System von Werten ist. Was ihn sozusagen „unschuldig" macht, ist die Tatsache, daß seine Intentionen verborgen werden, vor allem dadurch, daß der

Mythos naturalisiert wird, daß er als natürlich erscheint. Er kann nicht widerlegt, sondern nur aufgedeckt werden. Sobald sich sein verborgener Sinn dem Bewußtsein erschließt, löst er sich auf.

In diesem semiotischen Sinn kann auch Geschlecht als ein Mythos betrachtet werden, der durch vielfältige Erscheinungsformen und ständige Präsenz in den visuellen Medien immense Verstärkung erfährt. Diese Medien können die körpersprachliche Symbolik und die Rituale, die in der Realität zur Konstruktion von Geschlecht benutzt werden, aufgreifen und „hyperritualisieren". Dabei sind sie auf eine ikonische Abbildung der Realität weder beschränkt noch zielen sie darauf ab. Sie operieren rhetorisch mit den vorgefundenen Codes – können sie bestätigen, ironisieren, akzentuieren, umkehren, verwerfen etc. Die Ergebnisse der empirischen Medienforschung zur Darstellung von Frauen und Männern in der Unterhaltung zeigen jedoch, daß sie – aus welchen Gründen auch immer – im großen und ganzen von ihren vielfältigen Möglichkeiten wenig Gebrauch machen. In der Regel beschränken sie sich darauf, die stereotypen Muster hegemonialer Männlichkeit und subdominanter Weiblichkeit aufzugreifen und durch weitere Vereinfachungen und Stereotypisierungen zu verstärken oder subdominante Männlichkeits- und exzentrische Weiblichkeitskonstruktionen durch bewußte Insze-

nierung zu demontieren und damit in ihrer Unterlegenheit zu bestätigen.

In diesem Sinn Herausragendes leistet die Werbung, die nicht nur erwachsene Männer, sondern bereits männliche Kinder durchweg in hegemonialer Weise als Kämpfer, Sieger und Experten inszeniert, die erwachsenen Frauen Anweisungen erteilen und ihnen die Welt erklären. Weibliche Wesen hingegen werden bereits im kindlichen Alter in verschämten oder sich anbietenden Posen dargestellt und dem prüfenden und genießerischen *male gaze* unterworfen.

Anita Heiliger hat im Kontext ihrer Untersuchung über männliche Sozialisation und potentielle Täterschaft* darauf aufmerksam gemacht, daß solche im ursprünglichen Sinn des Wortes pornographischen Darstellungen von Mädchen und Frauen die sexuelle Entwicklung männlicher Kinder entscheidend prägen können. Da solche Darstellungen bei der Masturbation zur Anregung der Phantasie eingesetzt werden, wie die von ihr befragten Männer berichten, könnte sich ein sexuelles Reaktionsmuster auf weibliche Anbietposen und ritualisierte Unterwerfung entwickeln, durch das Hemmschwellen gegen Übergriffe auf Frauen herabgesetzt und die Vorstellungen der Männer von der Bedeutung „männlicher" Macht und Überlegenheit verstärkt werden.

* A. Heiliger/C. Engelfried, *Sexuelle Gewalt: Männliche Sozialisation und potentielle Täterschaft,* Frankfurt/M. 1995.

2. TEIL
WIE GESCHLECHT GEMACHT WIRD

1. Geschlechtsdarstellungen

Das Bildmaterial, das im folgenden Teil vorgestellt und analysiert wird, stammt aus einer Sammlung von über zweitausend Bildern, die ich im Lauf der letzten Jahre angelegt habe. Es handelt sich in erster Linie um Ausschnitte aus Werbebeilagen überregionaler Tageszeitungen, aus Illustrierten und aus Katalogen großer Versandhäuser. Allen ist gemeinsam, daß sie in hoher Auflage verbreitet werden und deshalb vermutlich eine große Zahl von Menschen erreichen. Gelegentlich greife ich auf Schnappschüsse zurück, die bestimmte Verhaltensweisen von Menschen auf öffentlichen Plätzen demonstrieren.

Anhand dieser Bilder möchte ich nachzeichnen, wie Geschlecht mit den Mitteln der Körpersprache als ein hierarchisch geordnetes Verhältnis zwischen Frauen und Männern konstruiert wird. Gesammelt habe ich daher Darstellungen von Frauen und Männern, Mädchen und Jungen, Paaren und Gruppen, in denen ein Unterschied zwischen Weiblichkeit und Männlichkeit gemacht wird, der nicht zufällig und beliebig ist, sondern als prinzipiell und systematisch erscheint. Solche Darstellungen sind Geschlechtsdarstellungen im Sinn Goffmans, das heißt, sie zeichnen sich dadurch aus, daß sie nicht einfach vom jeweils anderen Geschlecht durchgeführt werden können, ohne Irritationen auszulösen – Belustigung, Befremden, Widerwillen oder gar Abscheu.

Dieses Kriterium der Unumkehrbarkeit verweist auf einen zentralen Aspekt der Körpersprache, der bei ihrer „Deutung" oft außer acht gelassen wird, weshalb es oft zu falschen Interpretationen und Schlußfolgerungen kommt: die Tatsache nämlich, daß Körpersprache einerseits zwar in der Tat ein natürliches Kommunikationsinstrument ist, dessen Elemente an sich schon bedeutungsvoll sind; daß aber andererseits die konkrete Benutzung dieses Instruments in einer sehr differenzierten Weise durch gesellschaftliche Regeln bestimmt und gesteuert wird. In Unkenntnis dieser Regeln ist eine zutreffende Interpretation körpersprachlicher Botschaften – z.B. eines Lächelns – im Grunde unmöglich, da wir nicht unterscheiden können, ob sie z.B. tatsächlich vorhandene Gefühle und Zustände ausdrücken oder eben nur konventionelle Regeln widerspiegeln.

Auch die Konstruktion von Geschlecht als Hierarchie erfolgt nicht allein auf der Ebene der Zeichen, sondern dadurch, daß bestimmte Zeichen durch gesellschaftliche Konventionen jeweils einem Geschlecht zur ausschließlichen Benutzung zugewiesen werden. Durch solche Regeln wird die Körpersprache ritualisiert, kann sie ihre ursprüngliche Funktion als natürliches Instrument des Ausdrucks von Gefühlen, Einstellungen und individuellen Persönlichkeitsmerkmalen immer weniger erfüllen, je umfangreicher sie betrieben wird. Rituale informieren nicht über individuelle Zustände, Merkmale oder die Persönlichkeit derer, die sie vollziehen. Ihr Sinn und Zweck liegt ausschließlich darin, den tief in einer Kultur verankerten Glaubensvorstellungen und Überzeugungen Ausdruck zu verleihen und sie dadurch zu festigen. Dieser grundlegenden Funktion gemäß finden sie ihren wesentlichen Niederschlag auch auf sozialer Ebene, in den sozialen Strukturen einer Gesellschaft.

In diesem Sinn können Darstellungen, die ausschließlich Männern zugewiesen oder gestattet werden, auch als Männlichkeitsrituale bezeichnet werden. Sie dienen der Zurschaustellung jener tief in unserer Kultur verankerten Idealvorstellungen von Männlichkeit, die Männer selbstbewußt, stark, autonom, robust und wettbewerbsorientiert erscheinen lassen.

Frauen wiederum verleihen durch ritualisierte Weiblichkeitsdarstellungen jenen typischen Merkmalen unmittelbaren Ausdruck, die als Ideale von Weiblichkeit betrachtet werden: Emotionalität, Beziehungsorientiertheit, Einfühlungsvermögen und Bereitschaft zur Selbstaufgabe.

Ein klassisches Beispiel eines stark formalisierten und unumkehrbaren Männlichkeitsrituals, dessen sozialer Charakter relativ offensichtlich ist, ist der Handkuß. Er kennzeichnet den Mann als einen höflichen, manierlichen Angehörigen „besserer" Kreise, einen Herrn in entsprechender sozialer Position, und legt die Frau als passive Empfängerin männlicher Reverenzen fest. Frauen dürfen dieses Ritual weder in der gegebenen Situation unmittelbar und in gleichberechtigter Weise – wie z.B. einen Händedruck – erwidern noch anderen Personen gegenüber ernsthaft ausführen.

Ein klassisches Beispiel für ein soziales Weiblichkeitsritual, das auf den ersten Blick spontaner und weniger formalisiert wirkt als der Handkuß, ist das öffentliche Sich-Anschmiegen an die Schulter eines männlichen Begleiters. Oberflächlich betrachtet hat es die Funktion, die Beziehung zwischen den Beteiligten als privat zu klassifizieren. Als spontanes, nicht ritualisiertes, beiden Geschlechtern gleichermaßen verfügbares Verhaltensmuster würde es eine momentane Schwäche oder Unsicherheit, eine gewisse Unselbständigkeit der sich anschmiegenden Person und ihr Vertrauen in die Stärke der haltgebenden Person zum Ausdruck bringen, keinesfalls aber eine unumkehrbare Hierarchie zwischen ihnen. Erst die Ritualisierung und die damit verknüpfte Unumkehrbarkeit – die zumindest in der Öffentlichkeit durchaus gegeben scheint – machen dieses Verhaltensmuster zu einem sozial relevanten Geschlechtsritual, das Frauen generell als hilfs- und anlehnungsbedürftig und Männer als grundsätzlich schutz- und haltgebende Wesen stilisiert. Durch sie wird der natürliche Ausdruck von Selbstsicherheit, Selbständigkeit, Selbstvertrauen sozusagen vermännlicht und der natürliche Ausdruck von emotionaler Abhängigkeit und Schutzbedürftigkeit verweiblicht.

Wie gesagt, wächst die Bedeutung und Wirkung sozialer Rituale mit dem Umfang, in dem die Ritualisierung von Verhaltensweisen betrieben wird und je unbewußter sie dann vollzogen werden. Vor diesem Hintergrund erweist die Körpersprache sich als geradezu ideales Instrument der Ritualisierung von Geschlecht. Erstens ist sie nicht nur unsere primäre und wichtigste Beziehungssprache, durch die wir über 70 Prozent unserer sozialen Informationen austauschen, sie ist zudem auch noch permanent aktiv. Schweigen ist in der Körpersprache praktisch unmöglich. Sie ist zugleich auch äußerst vielfältig und komplex.

Vor allem aber trägt die Tatsache, daß die gleichen Zeichen, die in der ritualisierten Darstellung sozialer Strukturen zum Einsatz kommen, z.B. das bereits angesprochene Lächeln, in der spontanen Nutzung dem natürlichen Ausdruck von Gefühlen dienen, dazu bei, daß auch die Rituale weitgehend als „natürliches Verhalten" wahrgenommen und erlebt werden.

Zweitens können körpersprachliche Botschaften auch ausschließlich über Bilder vermittelt werden, die anders als sprachliche Texte nicht bewußt oder rational verarbeitet werden müssen. Sie können direkt und in der Regel unter Umgehung kritischer Reflexion als einfache Wahrnehmungen in unser Bewußtsein dringen und sich dort als simple Tatsachen unmittelbar niederschlagen.

Für den Fall, daß die Repräsentativität der ausgewählten Bilder – und damit letztlich auch der Wert meiner Erkenntnisse – in Frage gestellt werden sollte, verweise ich auf den Standpunkt Goffmans, den er in seiner wegweisenden Analyse des Geschlechterbilds in der Werbung deutlich gemacht hat.* Im Rahmen einer generellen Diskussion der Bedeutung von Repräsentativität führt er dort aus, daß diese nicht unabhängig von den zu bearbeitenden Fragen festgestellt werden könne. Sie sei sicherlich dann gegeben, wenn z.B. wissenschaftliche Aussagen über bestimmte Publikationsorgane oder

* E. Goffman, *Geschlecht und Werbung,* Frankfurt/M. 1981.

über einen bestimmten Veröffentlichungszeitraum gemacht werden sollen. Wenn es aber, wie er mit spürbarer Süffisanz sagt, um „wirklich interessante" Fragen gehe – nämlich ob uns diese Bilder eine angemessene Darstellung der Wirklichkeit vermitteln und welche sozialen Auswirkungen sie auf das Leben haben –, sei Repräsentativität letztlich bedeutungslos. Die besondere Bedeutung und Aussagekraft einer beliebigen Auswahl kommerzieller Darstellungen der Geschlechter liege nicht in ihrer Repräsentativität, sondern vielmehr in ihrer scheinbaren Normalität und Alltäglichkeit. Die Bedeutung dieser Bilder von Frauen und Männern besteht darin, daß sie uns vollkommen natürlich erscheinen, während sie in Wirklichkeit Inszenierungen sind, in denen idealisierte Personen in idealisierter Weise dargestellt werden und in ideale Beziehungen zueinander treten.

Worum geht es also im folgenden? Es geht nicht vordergründig darum, den Medien oder der Werbung Sexismus nachzuweisen. Diese Tatsache ist durch zahlreiche wissenschaftliche Untersuchungen hinlänglich dokumentiert, was im übrigen höchstens „kosmetische", aber keineswegs grundlegende Veränderungen in der Darstellung der Geschlechter bewirkt hat. In der nachfolgenden Auseinandersetzung mit dem Material geht es vor allem darum, die in diesen Darstellungen enthaltenen ritualisierten Botschaften über Weib-

lichkeit und Männlichkeit bewußt wahrzunehmen und ihre ursprünglichen Bedeutungen herauszuarbeiten und zu entschlüsseln. Darüber hinaus geht es im weiteren ganz praktisch darum, die Unumkehrbarkeit der Geschlechtsrituale als konventionelle Hürden begreifen zu lernen, die ohne ernsthaften Schaden durchbrochen werden können bzw. eigentlich sogar müssen. Denn dies wäre die Voraussetzung dafür, die Körpersprache beiden Geschlechtern wieder in ihrer ursprünglichen Vielfältigkeit nutzbar zu machen. Diesem Ziel können wir durch konkrete Arbeit mit den konventionellen Darstellungen näherkommen.

Gezieltes Arbeiten mit konventionellen Geschlechterdarstellungen bedeutet vor allem, daß Frauen und Männer sich deren ursprüngliche Bedeutungen und Wirkungen dadurch bewußt machen, daß sie die typischen Posen des eigenen und des anderen Geschlechts einnehmen und nachvollziehen. Dadurch können sie den ursprünglichen Bedeutungsgehalt sowie den auf das Selbstwertgefühl rückwirkenden Effekt von Ritualen der Macht oder Ohnmacht am eigenen Leib erleben.

Wenn z.B. Männer die herkömmlichen Weiblichkeitsrituale nicht nur passiv konsumieren, sondern aktiv ausführen, dann spüren sie – vielleicht sogar leichter als Frauen, die diese Muster ja oft weitgehend verinnerlicht haben –, daß und wie sich durchgängiges Unterwerfungsverhalten auf das eigene Wohlbefinden und Selbstwertgefühl auswirken kann. So sie offen und dazu bereit sind, kann ihnen diese Erfahrung dabei helfen, ihre möglicherweise naive Einstellung zu Weiblichkeit zu überdenken. Sie könnten sich ihrer „Mittäterschaft" und Verantwortung als normensetzende Bestimmer und voyeuristische Nutznießer der Darstellung femininer Attraktivität bewußt werden, diese Doppelrolle kritisch hinterfragen und vielleicht sogar aufgeben.

Frauen wiederum können durch die aktive Übernahme selbstbewußter, aufrechter, stolzer und imposanter „männlicher" Haltungen und Posen nachfühlen, daß sich mit diesen ein von Fremdbewertungen wesentlich unabhängigeres, stabileres Selbstbewußtsein einstellt, das sich fundamental von jenem Gefühl unterscheidet, das sich in Verbindung mit der Erfüllung traditioneller Kriterien femininer Attraktivität einstellt.

Bei dieser Umkehrarbeit ist es wichtig, auf größtmögliche Genauigkeit in der Durchführung zu achten, denn wir werden sehen, daß zwischen Ausdrucksformen subjektiver Unterwerfung und der selbstbewußten Demonstration von Überlegenheit gelegentlich nur kleine, beinahe unmerkliche Unterschiede bestehen.

Um das volle Ausmaß der Stereotypie medialer Geschlechtsdarstellungen vor Augen zu führen, um zu zeigen, daß eine derartige Massierung des Immer-Gleichen keinem

Zufall entspringen kann, habe ich bei der Zusammenstellung des Materials gelegentlich auf die Methode der seriellen Anordnung zurückgegriffen. In der Regel sind die Abbildungen jedoch so angeordnet, daß Darstellungen von Erwachsenen und Kindern oder Frauen und Männern einander direkt gegenübergestellt werden. Dadurch sollen Übereinstimmungen bzw. Gemeinsamkeiten in deren Verhaltensweisen deutlich gemacht oder die feinen Unterschiede zwischen nur scheinbar gleichen Verhaltensweisen von Frauen und Männern deutlicher gemacht werden.

Insbesondere soll dadurch aufgezeigt werden, daß das ursprüngliche Ausdrucksverhalten von Kindern wie auch der Umgang Erwachsener mit Kindern (der sog. Eltern-Kind-Komplex) wichtige Quellen der geschlechtsspezifischen Darstellungssymbolik sind, aus denen in einer extrem geschlechtsspezifischen Weise geschöpft wird.

Es zeigt sich nämlich, daß Weiblichkeit weitgehend durch kindliche Verhaltensmuster dargestellt wird, die ursprünglich deren relative Schwäche, Schutzbedürftigkeit und mangelndes Selbstbewußtsein zum Ausdruck bringen. Männlichkeit andererseits wird durch Zeichen der Autonomie und Unabhängigkeit ausgedrückt und in der Interaktion mit Frauen durch die symbolische Übernahme elterlicher, d.h. beschützender, belehrender, führender und bevormundender Funktionen.

Vor allem diese Bezugnahme auf den Eltern-Kind-Komplex, der unser aller Verhalten zutiefst geprägt hat und der sowohl emotionale wie soziale Beziehungsaspekte beinhaltet, macht es möglich, Frauen auf besonders natürlich und glaubwürdig erscheinende, emotional ansprechende Weise sozial abzuwerten, indem sie als zwar schwache und schutzbedürftige, aber eben auch liebenswürdige Wesen dargestellt werden.

Die unmittelbare Gegenüberstellung der Bilder von Erwachsenen und Kindern macht nicht zuletzt deutlich, daß auch in diesem Kontext Geschlecht die bedeutungsvollste und zentrale soziale Kategorie zu sein scheint. Denn geschlechtsspezifische Anspielungen auf den Eltern-Kind-Komplex werden weitgehend unabhängig von anderen biologischen oder sozialen Kriterien durchgeführt, d.h. Männlichkeit wird schon im Kleinkindalter durch Zeichen von Selbstbewußtsein und Überlegenheit und dadurch, daß die Personen sich aggressiv und rücksichtslos gegen andere durchsetzen, in Szene gesetzt.

Aus Gründen der Übersichtlichkeit beschäftige ich mich in getrennten Abschnitten mit den einzelnen körpersprachlichen Kanälen. Jeder neue thematische Abschnitt wird durch einen Text eingeleitet, der den theoretischen Hintergrund beleuchten, die machtspezifisch kodierte Tiefenstruktur der Geschlechterzeichen freilegen und den Blick für das Erkennen der ursprünglichen Zeichenbedeutungen schärfen soll.

Dann, so hoffe ich mit Goffman, „geht uns vielleicht eine Ahnung auf, was wir möglicherweise selbst ständig tun. Und hinter unendlich vielfältigen szenischen Konstellationen entdecken wir vielleicht ein einziges rituelles Idiom, hinter einer Vielzahl oberflächlicher Unterschiede – einige wenige strukturelle Formen" (1981, 118).

Männlichkeits-/Weiblichkeitsrituale

Körperhaltungen
Mit ihrer aufrechten, beherrscht und gelassen wirkenden Körperhaltung verleihen Männer einem zentralen Aspekt von Männlichkeit Ausdruck: ausgeprägtem Selbstbewußtsein.

In dieser Hinsicht unterscheiden sich die realen Selbstdarstellungen hochkarätiger Vertreter der Business-class weder von den fiktiven Inszenierungen männlicher Erwachsener noch von Inszenierungen männlicher Kinder. Als Mann steht man fest und breitbeinig auf dem Boden verankert, in entspannter und bequemer Spielbein-Standbein-Stellung, oder souverän – nicht haltsuchend, nur unmerklich aufgestützt – mit lässig überkreuzten Beinen an Wände oder Gegenstände gelehnt.

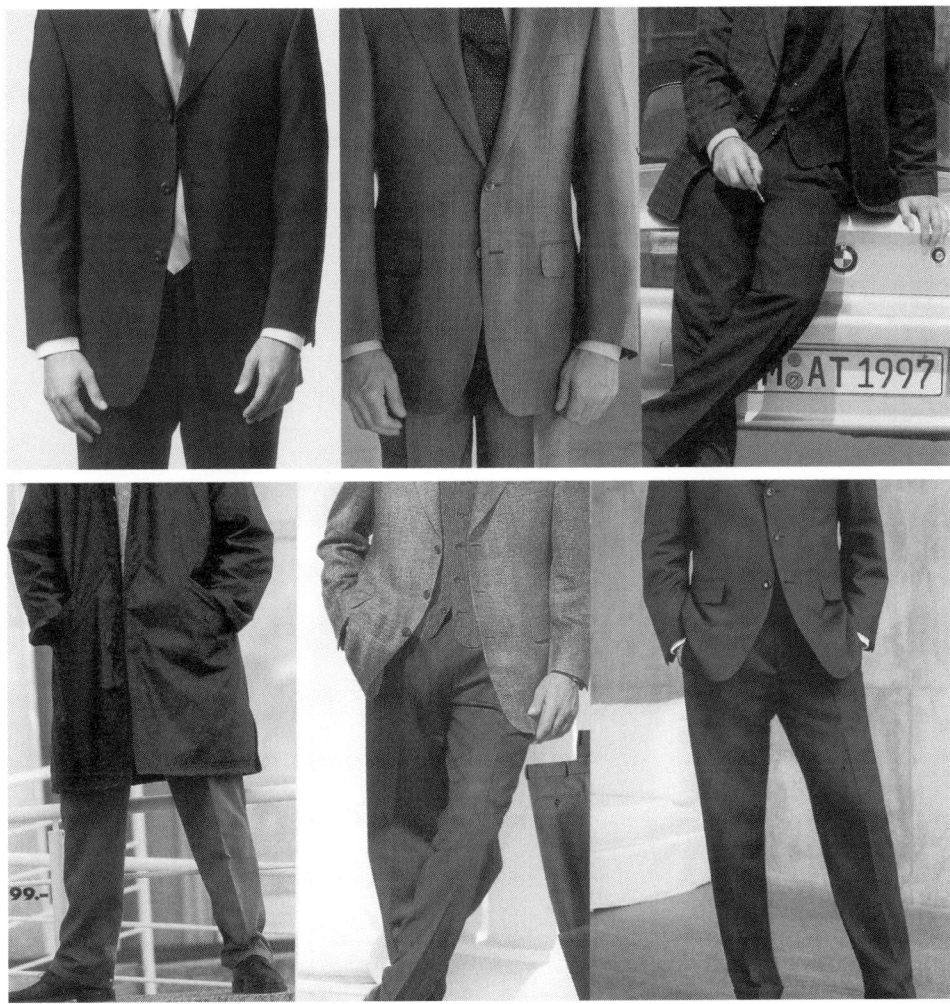

Karo-Hemd
Gr. 104-152

32,-

r-T-Shirt
rbvarianten.
n: 128-164

.90

hirt,
r. 128-176
der Bermuda,
r. 122-164

19,95

r-Bermuda
Navy.
: 128-164

.90

Five Pocket-Jeans
Gr. 116-176

38,-

FLIPPER

NO LIMITS
by G.O.L.

BRAVO

KRAGENJACKE **129.–**
COLOR-BAGGY **69.–**
MUSTERHEMD **29.–**

KAPUZENJACKE **119.–**

46

Frauen präsentieren ihren Körper weder in gerader, stolz aufgerichteter Haltung noch auf entspannte, gelöste Weise. Der generelle Eindruck von Labilität und Zerbrechlichkeit, der bereits durch den idealerweise schmalen, dünnen und muskellosen weiblichen Körper hervorgerufen wird, wird durch schräge, vielfach verbogene oder abgeknickte, manchmal geradezu schlangenartig verwundene Haltungen noch verstärkt. Frauen stehen nicht stabil, frontal ausgerichtet und breitbeinig. Eine schmale Fußstellung macht ihren Stand unsicher und labil.

129,-

Fischgrat-Blazer
aus Wollgemisch.
Hochwertig
verarbeitet und
natürlich mit Futter.
Femininer Schnitt.
129,- Größen: 34-46

59,90

In unserer Hosenabteilung
finden Sie unter anderem
Five-Pocket-Hosen in
verschiedenen Ausführungen.
Das Bild zeigt unsere neuen,
hochwertigen Five-Pocket-
Baumwollstretch-Hosen mit
normalem und langem Bein.
59,90 Größen: 34-46

139,-

Das Spielbein dient nicht – wie in der männlichen Version – der zusätzlichen Unterstützung. Es wird oft sogar geziert angehoben und zugleich „schamhaft" nach innen abgeknickt. Solche Körperhaltungen, die im Kontext heterosexueller Attraktivität als Ausdruck von Anmut und Eleganz gelten, sind faktisch vor allem bedeutend unbequemer und anstrengender als entsprechend elegante männliche Körperhaltungen. Eine „damenhafte" Haltung erfordert vor allem ein beachtliches Maß an Körperkontrolle und -beherrschung, was sich im Selbsttest leicht feststellen läßt. Auf symbolischer Ebene drücken sie vor allem mangelnde Selbstsicherheit aus. Ihr Ursprung liegt unübersehbar im spontanen Ausdruck von Verlegenheit und Unsicherheit, den kleine Kinder im Umgang mit einschüchternden Erwachsenen an den Tag legen.

Das verschämt bzw. affektiert nach innen angewinkelte Knie ist ein klassisches, absolut unumkehrbares Weiblichkeitsritual. Als Signal der Preisgabe von Stabilität ist eine solche Haltung für „richtige", d.h. heterosexuelle Männer absolut tabu. Das im schmalen Stand feminin angewinkelte, manchmal sogar angehobene Spielbein verringert Stabilität und Bequemlichkeit und signalisiert Hilflosigkeit und Hilfsbedürftigkeit. Eine derartige Selbstinszenierung setzt letztlich eine wohlwollende Umgebung voraus, der sich eigentlich nur Kinder unter elterlicher Obhut gewiß sein können. Insbesondere vor dem Hintergrund der Alltäglichkeit konkreter Bedrohungen im weiblichen Lebenszusammenhang drückt sich in einer solchen Haltung eine Realitätsferne, wenn nicht sogar ein Realitätsverlust aus, der gleichfalls zumindest als kindlich-naiv bezeichnet werden müßte. Erst in der Umkehrung, in der Darstellung dieses Rituals durch Männer werden die damit verbundene Anstrengung und der lächerliche, gezierte Charakter dieser Pose offensichtlich.

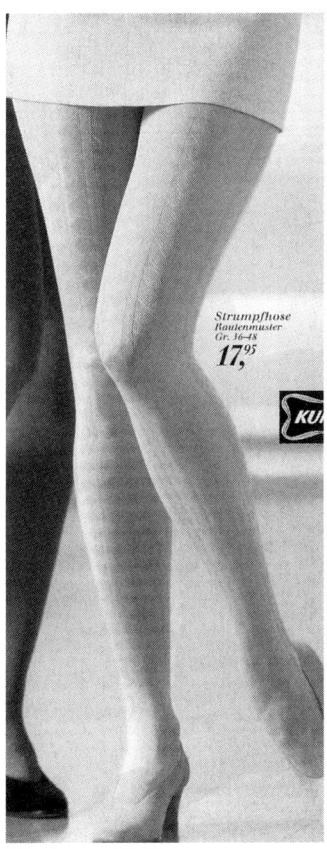

Umgekehrt ist für heterosexuelle Frauen der selbstbewußte, breitbeinig stabile Stand im Prinzip ebenso tabu wie für „richtige" Männer die Haltung mit verschämt angewinkeltem Knie. Aus leicht nachvollziehbaren Gründen wird diese Regel von Frauen jedoch wesentlich häufiger durchbrochen. Mit der Übernahme männlich-stabiler Haltungen ist zwar unter Umständen ein Verlust an heterosexueller Attraktivität verbunden, damit können Frauen offensichtlich aber um so leichter leben, je höher sie in der sozialen Hierarchie aufsteigen und je älter und somit selbstbewußter und unabhängiger sie von entsprechenden Vorstellungen werden. Zudem wird in bezug auf Frauen in der Regel weniger vorschnell als bei Männern aus illegitimen Geschlechtsdarstellungen auf eine abweichende sexuelle Orientierung zurückgeschlossen – eine Form der Sanktion, durch die natürlich maximaler Anpassungsdruck ausgeübt werden kann.

In medialen Inszenierungen von Frauen wird ebenfalls mit steigender Tendenz auf Darstellungen in männlich-breitbeinigen Posen zurückgegriffen. Allerdings wird schon auf den zweiten Blick deutlich, daß damit nicht unbedingt die Aspekte von Selbstbewußtsein oder Dominanz in die Weiblichkeitsdarstellung integriert werden sollen. Diese werden vielmehr durch gleichzeitige Infantilisierung oder Sexualisierung der Darstellung weitgehend zurückge-

nommen bzw. sogar bewußt ausgeschlossen. Denn in Kombination mit der Zurschaustellung von nackter Haut, knappsitzendem schwarzen, lederartig glänzenden Domina-Outfit und unergründlichem Gesichtsausdruck dient die breitbeinige Pose offensichtlich weniger der Zurschaustellung von Selbstbewußtsein als der Befriedigung sexueller Männerphantasien. Auch in Verbindung mit einer kindlich-trotzigen Miene, dem unbeholfen wirkenden Fußstand „über den Onkel" und dem schlampigen, eher jungenhaften Aufzug mit verrutschter Baseball-Kappe und offenen Schuhbändern wirkt sie wenig beeindruckend oder gar ernsthaft bedrohlich.

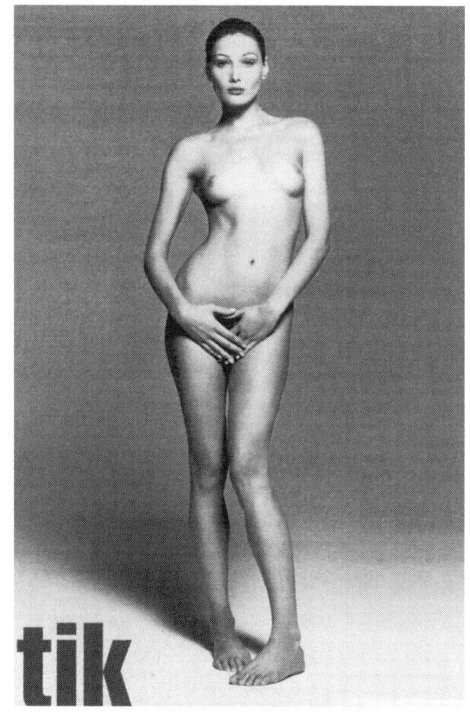

19,95

Shirts,
-176
,95
ock,
-152 oder
rmuda,
-164
,95

Söckchen im D

1 Cap
49,90

2 14

4 Folos
119

300

ARBEITSSCHUTZBEKLEIDUNG

Ganz oder gar nicht !

Sitzen, Liegen und andere Grausamkeiten

Auch im Hinblick auf unterschiedliche Sitzhaltungen ist der Grad der Bequemlichkeit ein wichtiges allgemeines Klassifizierungskriterium. In unserer Gesellschaft genießen eigentlich nur kleine Kindern die absolute Freiheit, es sich jederzeit und überall so bequem wie nur möglich zu machen. Kinder dürfen sich „hemmungslos" gehenlassen, sich überall breitmachen, sich ungehindert herumfläzen, auf dem Fußboden liegen, ihre Füße auf Möbel oder Gegenstände stellen, hochlegen etc. Erwachsene dagegen unterliegen mit zunehmendem Grad der Zivilisation dem Kodex des „guten Benehmens", der ihnen in der Öffentlichkeit eine „ordentliche" Haltung vorschreibt. Aus unterschiedlichen Sitzweisen von Erwachsenen lassen sich daher auf einer allgemeinen Ebene vor allem Rückschlüsse auf ihren gesellschaftlichen Status ziehen.

Hochrangige Personen machen durch ihre freiwillige Unterwerfung unter die entsprechenden Regeln ihr Einverständnis mit der diesen Regeln zugrundeliegenden sozialen Ordnung und zugleich auch ihre Position innerhalb dieser Ordnung deutlich. Sie sitzen daher in der Regel auf eine zwar weitgehend entspannte und bequeme, aber dennoch angemessen ordentliche und aufrechte Weise. Personen von niedrigerem gesellschaftlichen Rang unterliegen, vor allem in Anwesenheit von höherrangigen oder ihnen direkt übergeordneten Personen, ebenfalls der Verpflichtung, aufrecht und ordentlich zu sitzen. Sie dürfen es sich aber nicht in vergleichbarer Weise bequem machen. Ihre Haltungen wirken daher mangels Unterstützung nicht lässig, sondern angespannt und unbequem. Nicht zuletzt können Personen, die ihren Platz in der sozialen Ordnung nicht akzeptieren und sich ihrer Zuordnung demonstrativ widersetzen wollen, dies – wie manche Schüler im Unterricht – durch „ungebührliche" Sitzweise kundtun. Indem sie es sich ohne wirkliche Berechtigung bequem machen, können sie ihre Unabhängigkeit von Regeln, ihren Widerstand oder ihre Auflehnung gegen die herrschende Ordnung zum Ausdruck bringen.

Vor diesem Hintergrund lassen sich auch die geschlechtsspezifischen Unterschiede in der Art und Weise des Sitzens interpretieren. Männer können sich durch „tadellose", aufrechte, zugleich bequeme und gelassene Sitzhaltung als Angehörige besserer Kreise darstellen bzw. zu erkennen geben. Sie können ihre jeweilige Unterlage zwar vollständig in „Besitz" nehmen, dürfen sich dabei aber nicht gehenlassen. Sie können den für ihre Bequemlichkeit eben nötigen Raum beanspruchen, aber ohne sich demonstrativ breitzumachen. Herren von Rang und Bedeutung demonstrieren ihre soziale Überlegenheit nicht mit weit gespreizten Schenkeln, sondern durch vornehme Eleganz.

53

Da Frauen generell eine schmale, wenig raumgreifende Sitzweise als Ausdruck von Weiblichkeit vorgeschrieben wird, kann aus entsprechenden Haltungen nicht, wie bei Männern, automatisch auf einen entsprechenden gesellschaftlichen Rang rückgeschlossen werden. Als Weiblichkeitsritual verliert die schmale Haltung jedoch nur scheinbar an sozialer Signifikanz. Sie läßt zwar keine differenzierten Rückschlüsse auf die soziale Position weiblicher Individuen zu, kennzeichnet dafür aber das ganze Geschlecht als nachrangig. Weibliche Sitzhaltungen sind wesentlich unbequemer als männliche. Frauen nehmen ihre Unterlagen nicht in vergleichbarer Weise voll in Besitz, sondern begnügen sich häu-

fig bescheiden mit deren Ecken oder Kanten. Sie sitzen in der Regel zwar aufrecht, aber ohne Unterstützung, und wirken daher angespannter – „auf dem Sprung", fast wie eilfertige Domestiken.

Selbst Damen von höchstem Rang sitzen weniger gelassen und entspannt als Männer.

54

Im weiblichen Kontext beruht die Eleganz einer Erscheinung eher auf Selbstkontrolle und Anspannung als auf entspannter Gelassenheit. Auch elegante Damen stellen ihre Beine mit zusammengepreßten Oberschenkeln in gezierter Pose möglichst schräg und weit vor dem Körper ab und damit vor allem zur Schau. Daß diese als besonders feminin geltende Haltung aufgrund ihrer Angespanntheit letztlich nur Unsicherheit und Verlegenheit ausdrückt, wird noch offensichtlicher, wenn die Unterschenkel nicht parallel gehalten, sondern haltsuchend ausgestellt oder ineinander verknotet werden – kindliche Haltungen, die in der fiktiven Inszenierung von Männern nur eingesetzt werden, um sie als unzulänglich, als lächerliche, unbedeutende, ängstliche Figuren zu kennzeichnen.

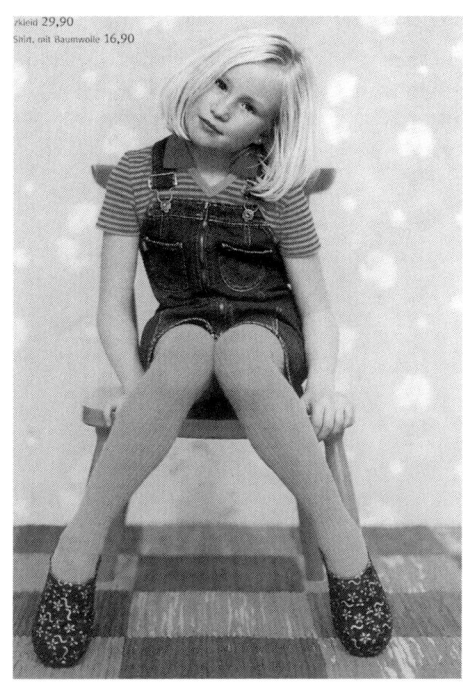

Männer, die breitbeinig und scheinbar vollkommen ungezwungen sitzen, beanspruchen allein durch ihre
Haltung wesentlich mehr Raum und
verleihen dadurch ihrer Auffassung
von der eigenen Bedeutung und
Wichtigkeit symbolisch Ausdruck.
Daß ein solches Verhalten als Ausdruck mangelhafter Manieren und
damit eher als Hinweis auf einen
geringen sozialen Status gedeutet
werden könnte, wird entweder in
Kauf genommen (weil man meint,
dies durch Zeichen „wahrer" Männlichkeit auszugleichen) oder mangels
Kenntnis entsprechender Regeln
möglicherweise einfach nicht be-

dacht. Jedenfalls können auf diese Weise – durch unbekümmert breites, dominantes Sitzen mit weit geöffneten Schenkeln und nachlässiges, unordentliches Fläzen auf Stühlen und Sesseln – auch Männer, die außer ihrer Männlichkeit nicht viel oder nicht genügend an Statusmerkmalen vorzuweisen haben, sich als überlegen stilisieren, aufspielen und es sich dabei ordentlich bequem machen.

Morgenmantel
79,⁹⁵
Nachthemd
59,⁹⁵

Auf der anderen Seite ist offensichtlich, daß Frauen gewisse Privilegien eingeräumt werden, die ihren Spielraum – allerdings nur in eine Richtung – entsprechend erweitern. Diese exklusiv weiblichen Freiheiten beinhalten vor allem das Recht, auf kindliche Weise zu sitzen, die demzufolge weder als Statusmerkmale dienen kann noch dazu, symbolisch Widerstand gegen die herrschende Ordnung auszudrücken. Während Männer sich die Freiheit nehmen können, die allgemeinen Regeln der Sittsamkeit zu durchbrechen und sich demonstrativ breitzumachen, um auch noch im Sitzen Dominanz zu demonstrieren, wird Frauen das

unumkehrbare Privileg mehr vorgeschrieben als zugestanden, sich
schutzsuchend oder verträumt in Kis-
sen zu kuscheln oder in kindlicher
Manier ein Bein unter den Körper zu
ziehen.

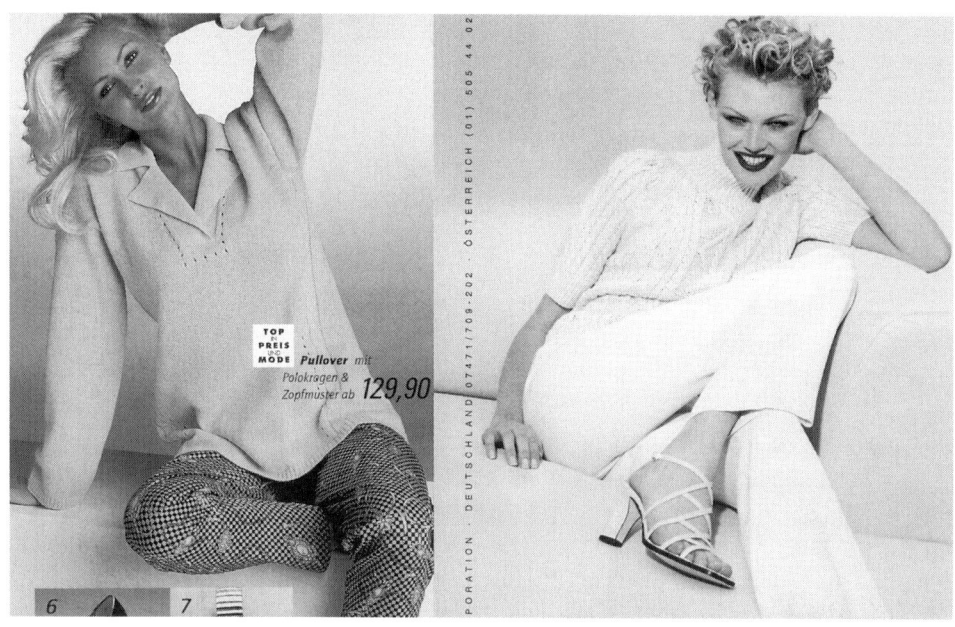

Auch Darstellungen ungewöhnlicher, extravaganter weiblicher Sitzweisen in der Werbung dienen keinesfalls der selbstgefälligen und bequemen Selbstdarstellung. Sie wirken bestenfalls wie Warenarrangements, die zur gefälligen Begutachtung durch die Betrachter arrangiert wurden und gelegentlich auch auf sehr bizarre Weise sexuelle Dominanzphantasien zum Ausdruck bringen.

Rebecca: Badeanzug von *Nikos*, Stiefel von *Taft*, Hut und Handschuhe von *English Hatter*

Liegend werden Männer nur äußerst selten dargestellt, und wenn, dann ist offensichtlich, daß sie auch diese Lage selbst mit geschlossenen Augen noch selbstbewußt genießen und nicht etwa ihren Körper damit anderen zur genußvollen Betrachtung zur Verfügung stellen.

Auf dem Boden sitzende, kauernde, liegende Frauen sind hingegen Legion. Der Boden ist ein idealer Ort, um Frauen als „niedrigere" Wesen darzustellen, sei es durch kindlich-hilflose Posen oder als sexuell ver-

fügbare leichte Beute. Frauen werden sowohl in babyhafter Weise bäuchlings liegend als auch in laszivlockender Weise, oft kopfüber hingegossen, inszeniert.

In der Inszenierung weiblicher Verfügbarkeit scheut die Werbung selbst davor nicht zurück, sie wie leblose Opfer von Gewaltverbrechen kunstvoll in den Straßenschmutz zu drapieren, mit bizarr verrenkten Gliedern und starren, im Augenblick des Todes angsterfüllt aufgerissenen Augen. In meiner Sammlung befindet sich kein einziges Bild, auf dem ein Mann in auch nur im entferntesten vergleichbarer Weise lustvoll als scheinbares Opfer eines Sexualverbrechens inszeniert und dadurch ein weiteres Mal zur Befriedigung entsprechender Phantasien verfügbar gemacht wird.

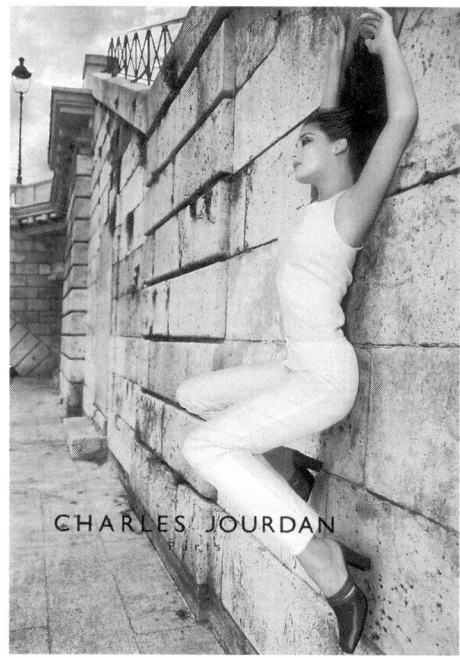

Die gezeigten Stücke sind
Teile der kommenden
Hugo-Herbst/Winter-
Kollektion für Frauen und
ab Spätsommer im Handel

Niederkirchner Straße

Unterwerfungsrituale:
Kopf schieflegen, Kehle präsentieren

Das Schieflegen des Kopfes ist ein elementares Zeichen bereitwilliger Unterordnung und Unterwerfung. Mann/frau wirkt durch die seitliche Absenkung des Kopfes kleiner als er/sie tatsächlich ist. Der schiefgelegte Kopf ist daher auch ein klassisches Symbol der Demut, der stilisierte Ausdruck von Liebenswürdigkeit und im sozialen Umgang ein probates Mittel der Beschwichtigung.

Die Abbildungen von Kinder zeigen, daß sie auf diese Weise ihrer Unsicherheit, Verlegenheit, Ratlosigkeit oder momentanen Verwirrtheit spontan Ausdruck verleihen – also inneren Zuständen der relativen Schwäche, die bei ihnen durchaus noch als liebenswert empfunden werden.

Schon als Kinder lernen wir, dieses Mittel der symbolischen Unterwerfung bewußt einzusetzen, um auf spielerische oder neckische, jedenfalls nicht aggressiv-fordernde Weise Kontakt mit überlegenen Erwachsenen aufzunehmen.

In medialen Inszenierungen wird dieses elementare Zeichen freiwilliger Unterordnung ausschließlich, oft in geradezu grotesk deplazierter und übertriebener Weise, zur Darstellung von Weiblichkeit benutzt.

Männer halten ihre Köpfe in der Regel ebenso „halsstarrig" gerade wie ihre Körper. Scheinbare Ausnahmen lassen sich aufgrund ihrer Kombination mit widersprüchlichen Zeichen der Dominanz – z.B. herausfordernder Mimik, ironischem Grinsen, dominanter Körperhaltung – leicht als ironische Anspielungen und somit keineswegs als Ausdruck von Unterwürfigkeit klassifizieren.

Auch das Nach-hinten-Werfen des Kopfes ist ein tief in unserer Naturgeschichte verankertes Ritual freiwilliger Selbstaufgabe. Das symbolische Anbieten der Kehle nimmt Bezug auf ein tierisches Ritual der Unterwerfung unter einen als stärker und überlegen anerkannten Gegner. Indem das unterlegene Tier dem anderen seine Kehle anbietet, begibt es sich freiwillig und vorbehaltlos in dessen Macht. In der symbolischen Kommunikation zwischen Menschen wurde die Bedeutung und Funktion dieses Rituals auf bemerkenswerte Weise modifiziert. Als unumkehrbares Weiblichkeitsritual kann das Zurückwerfen des Kopfes nicht mehr seine ursprüngliche Funktion als allgemeines, geschlechtsunspezifisches Mittel der sozialen Befriedung erfüllen. Es dient nur noch dazu, zum einen Geschlecht auf der Grundlage der freiwilligen Unterwerfung des weiblichen Geschlechts unter das männliche als hierarchisches System zu konstruieren und zu legitimieren und zum anderen die soziale Konsequenz dieser Einengung durch die Verlagerung in einen rein sexuellen Kontext gleichzeitig wirksam zu verschleiern.

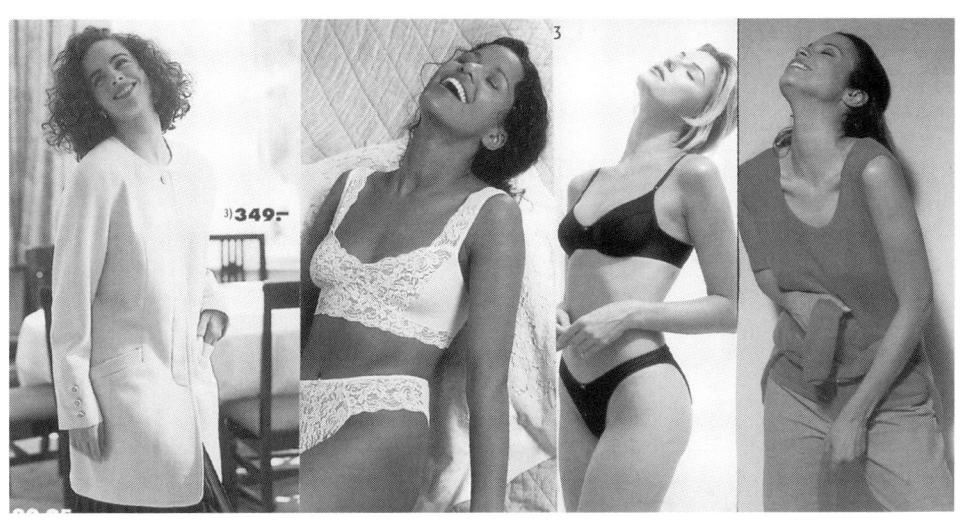

3)349.-
3

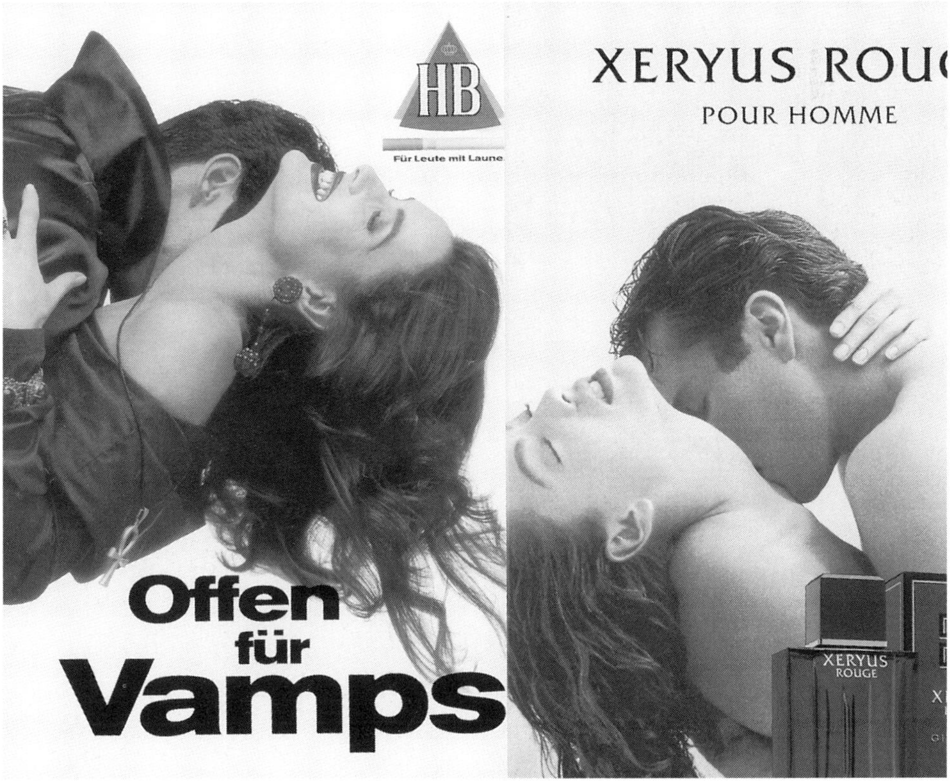
HB
Für Leute mit Laune
Offen
für
Vamps
XERYUS ROU
POUR HOMME
XERYUS
ROUGE

Gestik:
Der symbolische Gebrauch der Arme

In der Darstellung von Männlichkeit werden die Ellenbogen benutzt, um sich Platz und Respekt zu verschaffen. Männliche Männer stemmen ihre Arme herausfordernd in die Hüften und verschränken die Hände selbstbewußt, mit sich und ihrer Welt offenbar zufrieden, hinter dem Kopf. Nicht von ungefähr gilt gerade diese äußerst bequeme Haltung als eine „Chefpose", aufgrund derer sich auch in größeren Versammlungen der jeweils Ranghöchste ausmachen läßt.

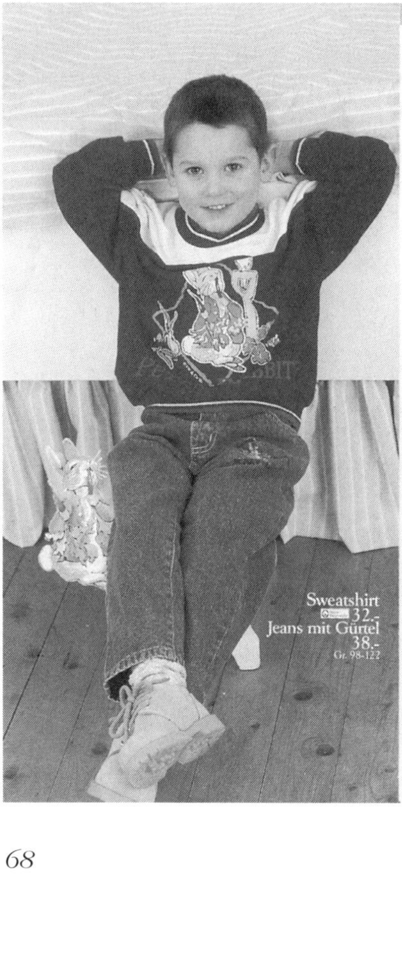

Männliche Männer benutzen Arme und Hände wie Werkzeuge oder setzen sie symbolisch als Waffen ein, um andere zu beeindrucken, zu dominieren, zu überwältigen.

Feminine Frauen machen sich weder breit noch plustern sie sich künstlich auf. Sie bringen im Gegenteil mit eng am Körper gehaltenen Armen und flach angelegten oder wie demütig gefalteten Händen räumliche Anspruchslosigkeit zum Ausdruck. Im sozialen Kontext werden solche Haltungen als Hinweise auf untergeordnete Positionen gelesen. Eine überaus beliebte, in der Werbung ständig eingesetzte Weiblichkeitsdarstellung erinnert deutlich an die „Hab-Acht Stellung", die niedrigere militärische Dienstgrade gegenüber Ranghöheren zum Ausdruck ihres Respekts einnehmen müssen. Die Symbolik dieser Haltung entspringt ihrer ursprünglichen Bedeutung auf der Ebene der natürlichen Körpersprache, wo derartig angespannte, erstarrte Haltungen vor allem Angst und Hilflosigkeit ausdrücken.

Wenn die Werbung Frauen in breiten und herausfordernden Posen inszeniert, dann gehen ihre machtvollen Konnotationen durch geringfügige Veränderungen oder Kombinationen mit gegenläufigen Zeichen weitgehend verloren. Ihr konfrontativer und dominanter Charakter kann z.B. dadurch abgeschwächt werden, daß die Ellbogen nicht raumgreifend seitlich ausgestellt, sondern eher nach hinten gedrückt werden, was die Silhouette nicht in einem wesentlichen Maß verbreitert; er kann dadurch relativiert werden, daß der Körper nicht aufrecht und gerade, sondern labil und verwunden gehalten und der Blick nicht fixierend auf das Ge-

genüber gerichtet, sondern abgewendet wird. Durch Kombination mit kindlichen Ausdrucksweisen, z.B. einem naiven Lachen, labilem Zehenstand und unsicher hochgezogenen Schultern kann die Haltung als scherzhafte, nicht wirklich ernst gemeinte Pose gekennzeichnet werden. Nicht zuletzt werden machtvolle Posen durch das Mittel der Sexualisierung wirksam entschärft – z.B. in Verbindung mit dem geziert angewinkelten nackten Bein, neckischem Blick aus einem Augenwinkel, der sündig das andere Auge verbergenden Haarlocke, dem luxuriös glänzenden Negligée und aufgesetzter Fröhlichkeit.

Top
24,⁹⁵

Boxer
14,⁹⁵

Nachthemd
129.-

Morgenmantel
199.-

1

Seiden-l

Seiden-Stepp-Weste

73

Männer grenzen sich selbstbewußt und demonstrativ von anderen ab, indem sie ihre Arme wie Barrieren vor der Brust verschränken. Sie machen dabei durch ihre aufrechte und frontale Haltung, den direkten Blick, einen ernsten, wütenden, verächtlichen Gesichtsausdruck oder blanke Ausdruckslosigkeit unmißverständlich klar, daß dies kein ängstliches Sich-Verstecken bedeutet, sondern eine durchaus ernstzunehmende Grenzziehung, die tunlichst respektiert werden sollte.

Frauen benutzen Arme und Hände nicht wie Männer zur demonstrativen und gelegentlich auch aggressiv-bedrohlich wirkenden Abgrenzung, sondern in der Regel zum symbolischen Schutz vor den Blicken oder Angriffen anderer. Indem sie sich hinter ihren Armen und Händen symbolisch verstecken, drücken sie zugleich das Unvermögen aus, sich selbstbewußt und aktiv gegen Attacken zur Wehr zu setzen. Durch ständige Selbstberührungen mit flachen

Händen, durch Lutschen und Knab-
bern an Fingern und Daumen signalisieren sie Angst, Unsicherheit und
Streß und stilisieren sich dadurch
zugleich als zarte, empfindsame, ner-
vöse wie auch als unsichere, unent-
schlossene, unernsthafte und ratlose
Wesen.

3

3/Jacke 2
Rock 1

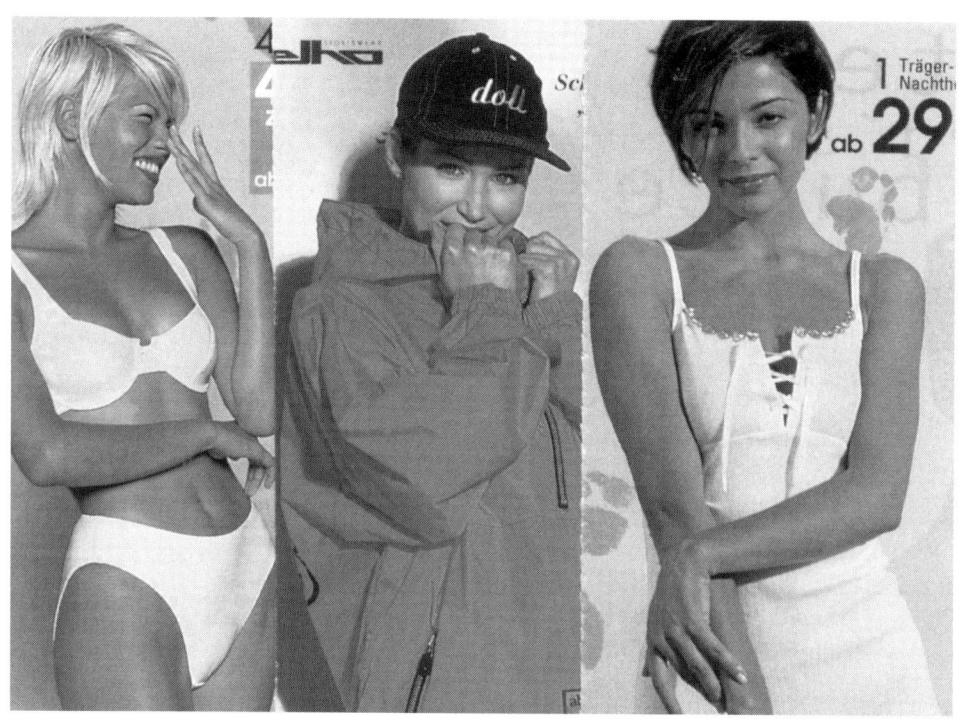

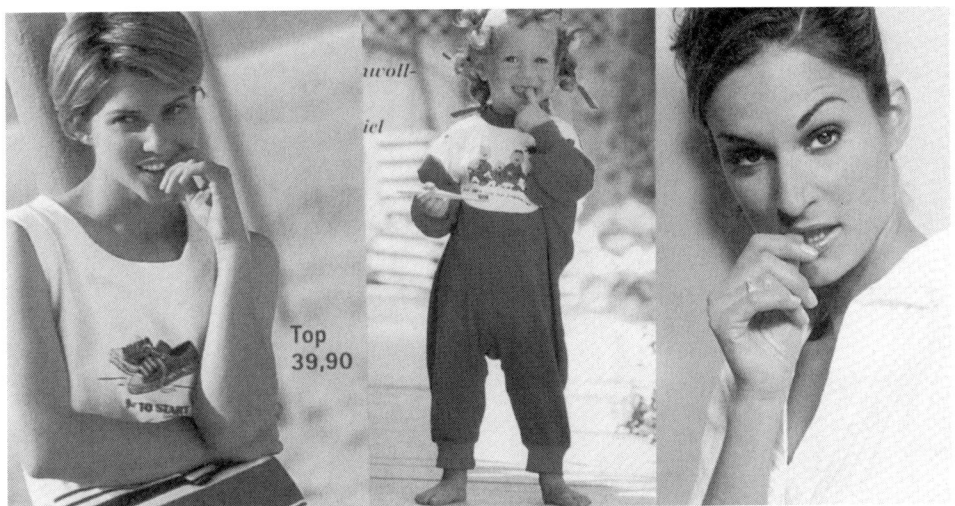

Top
39,90

In Weiblichkeitsdarstellungen mit vor der Brust gekreuzten Armen wird der selbstbewußte und zugleich abweisende Charakter dieser Pose durch gegenläufige Zeichen abgeschwächt, aufgehoben oder ins Gegenteil ver-

kehrt (z.B. durch schräge, verwundene Körperhaltungen, freundliche, entgegenkommende Mimik, abgewendeten Blick, das unterwürfige Schieflegen des Kopfes etc.).

Gr. 116-176
Hemden
oder
Slips
7,-

Fingerzeige und Drohgebärden

Finger- und Daumenzeige sind Kommunikationsmittel, mit deren Hilfe die Aufmerksamkeit anderer Personen in eine gewünschte Richtung gelenkt, auf die Bedeutung einer Sache oder eines Gegenstandes verwiesen oder einem bestimmten Sachverhalt demonstrativ eine besondere Bedeutung zugewiesen werden kann.

Zugleich stellt sich der Zeichengeber oder die Zeichengeberin damit selbst gewissermaßen als kenntnisreich und somit als den anderen überlegen dar. Nicht zuletzt deshalb wurde der erhobene Zeigefinger zum klassischen Symbol der Belehrung. In letzter Zeit wird diese Geste zunehmend auch im Kontext purer Selbstdarstellung, insbesondere in massenwirksamen Sportarten wie Fußball oder Tennis und dort vor allem von Männern benutzt, um gebührende Aufmerksamkeit auf die eigene erfolgreiche Leistung zu lenken.

Mit dem Finger direkt auf einen anderen Menschen zu zeigen, ist ein Ausdruck von Respektlosigkeit und gilt daher generell als grobe Unhöflichkeit. Solche Fingerzeige werden als symbolischer Angriff auf die bezeichnete Person interpretiert und deshalb vor allem Kindern gegenüber Erwachsenen untersagt. Dessenungeachtet läßt sich sowohl in der Werbung wie in filmischen Inszenierungen eine inflationäre Zunahme im Gebrauch dieses symbolischen Ausdrucks der Respektlosigkeit feststellen, insbesondere im Umgang zwischen Männern, für die gegenseitiger Respekt im allgemeinen von immenser Bedeutung ist. Zugleich steigt der aggressive und bedrohliche Charakter der Geste infolge bestimmter Veränderungen in der Durchführung, die sie immer deutlicher wie eine unmittelbare Bedrohung mit einer Faustfeuerwaffe wirken lassen.

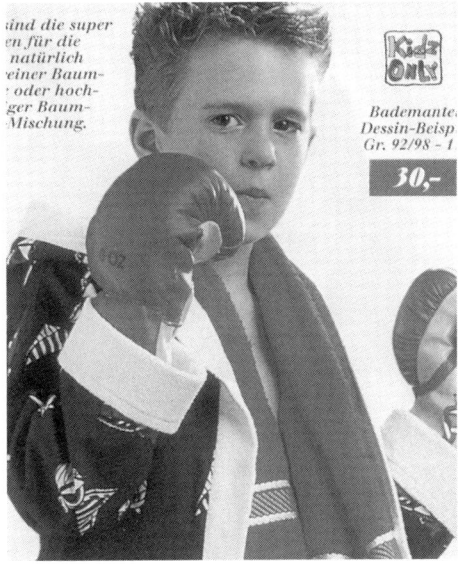

Auch in bezug auf Fingerzeige drückt sich Weiblichkeit darin aus, daß sie weniger als symbolische Waffen eingesetzt als vielmehr in ihrer ursprünglicheren Funktion als – eher kindliches – Mittel der Aufmerksamkeitslenkung benutzt werden.

Einblicke und Ausblicke:
Das Gesicht als Zeichenträger

Seelische Prozesse finden ihren Niederschlag vor allem im Gesicht, in der Mimik und im Ausdruck der Augen, die ja auch als Spiegel der Seele bezeichnet werden. Eine Vielzahl von Gesichtsmuskeln ermöglicht uns eine außerordentlich differenzierte Darstellung unterschiedlichster Empfindungen und Gefühle. Die besondere Bedeutung der Mimik wird dadurch noch verstärkt, daß sie quasi der einzige Bereich der Körpersprache ist, der absolut universellen Charakter hat: Auf der ganzen Welt werden Gefühle in gleicher Weise mimisch kodiert und entsprechende Darstellungen daher auch in gleicher Weise interpretiert. Wir suchen im Umgang miteinander vor allem im Gesicht der anderen nach Hinweisen auf ihr Seelenleben, ihren emotionalen Zustand. Vor diesem Hintergrund erscheinen die Auswirkungen kultureller Darstellungsregeln, die zu geschlechtsspezifischen Ritualisierungen in Mimik und Blickverhalten führen, um so gravierender.

Der „männliche" Gesichtsausdruck ermöglicht keinen unmittelbaren Einblick in das emotionale Innenleben seines Trägers. Weder zeigt er offen eigene Gefühle noch reflektiert er die Gefühle anderer. Das typisch männliche Gesicht wirkt ausdruckslos, ungerührt, teilnahmslos und daher schon in seinem Grundausdruck eher abweisend als zugänglich oder gar entgegenkommend.

80

Stürmerschicksa
Günter Bittenge
nur mit einem F

: Beim knallharten Tor-
dingen (l.) und im Lauf-
chs Michael Klinkert (o.)

Ein typisch weiblicher Gesichtsausdruck wirkt im Vergleich dazu leben-
dig und vor allem aufgrund des quasi
obligatorischen freundlich-verbindli-
chen Lächelns nicht abweisend, sondern entgegenkommend, mitfühlend
und förmlich einladend. Frauen stellen durch eine ausgeprägte Mimik ihr
Seelenleben, ihre Gefühle scheinbar
vorbehaltlos und ohne Hintergedan-
ken zu Schau. Selbst ihr Lachen wirkt
naiv und eher erstaunt und unsicher
als amüsiert.

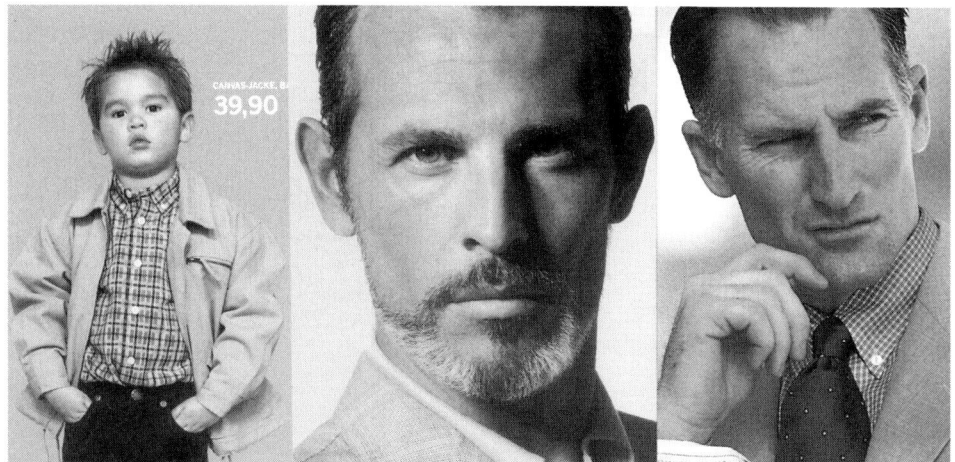

„Männliche" Männer setzen Mimik und Blick nicht primär als emotionales Kommunikationsmittel ein, sondern vor allem als Machtmittel zur vertikalen Strukturierung von Beziehungen. Beides dient dazu, Überlegenheit zu demonstrieren oder direkt Dominanz auszuüben. Der Blick aus häufig zusammengekniffenen Augen ist daher stets direkt, gerade, starr, scharf, fokussiert. Die Augen sind niemals staunend-naiv oder ängstlich aufgerissen, der Blick nicht emotional verschleiert – höchstens durch eine dunkle Brille vor eventuellen Einsichten abgeschottet.

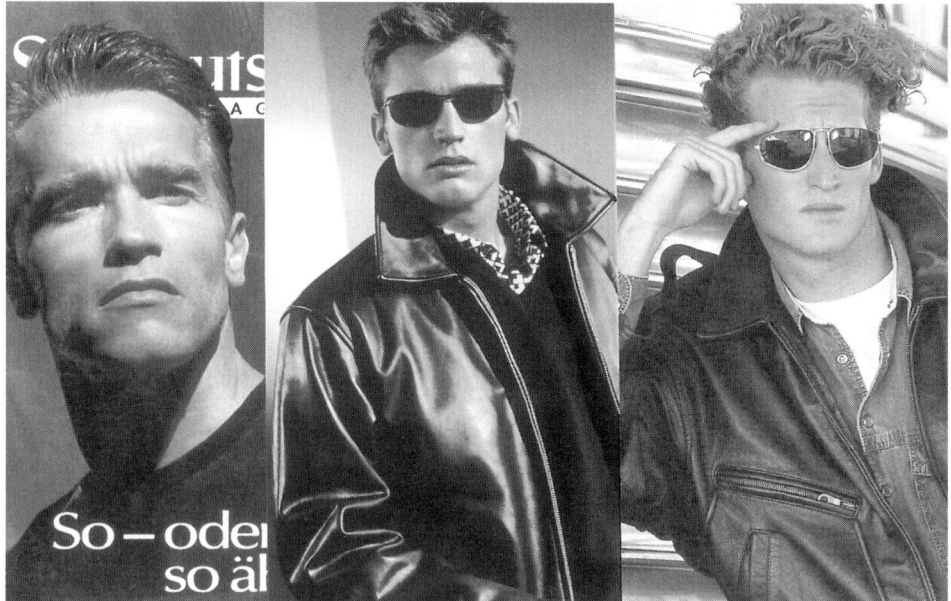

Ein „männlicher" Blick signalisiert Dominanz. Er richtet sich entschlossen in die Ferne oder nimmt das Objekt seines Interesses direkt und unverschämt, bedrohlich, lauernd, herausfordernd, angriffslustig, spöttisch, überheblich oder angewidert ins Visier.

Die Vorstellung, solche Männer könnten verführerisch-lasziv ihre Lider über emotional verschleiertem Blick senken oder gar neckisch verschämte Blicke aus den Augenwinkeln werfen, erscheint auch im erotischen Kontext geradezu absurd. Richtige Männer lächeln selten, und wenn, dann nicht sanft, naiv, entgegenkommend oder dienstfertig wie Frauen, sondern selbstbewußt, siegesgewiß, voller Zufriedenheit über sich und ihre Leistungen.

Sie grinsen – amüsiert, ironisch, spöttisch, anerkennend, maliziös, gönnerhaft oder abwertend – und bringen damit weniger ein Gefühl als ihre Überlegenheit zum Ausdruck. Sie lachen weder naiv noch „hysterisch" übertrieben, wie es Frauen tun, die auf diese Weise vor allem die Unbeherrschbarkeit ihrer Gefühle zum Ausdruck bringen oder Peinlichkeiten überspielen wollen. Männer lachen aus vollem Hals.

Als definitives Männlichkeitsritual ist das direkte, ausdruckslose oder dominante Starren für Frauen natürlich tabu. Wenn Frauen ihren Blick direkt auf ihr Gegenüber richten, dann tun sie dies daher mit entwaffnender, strahlend fröhlicher Naivität, die ihre Harmlosigkeit zum Ausdruck bringt und dem Blick alles Konfrontative nimmt.

Ein weiteres in den Medien beliebtes Ritual der Weiblichkeitsdarstellung ist der emotional verhangene und unfokussierte, von lasziv gesenkten Lidern halbverdeckte Blick mit leicht geöffneten Lippen. Er ist nicht bedrohlich, sondern vielversprechend. Er vermittelt dem Adressaten das durchaus erhebende Gefühl, Teil – wenn nicht Ursache – des dadurch scheinbar zum Ausdruck gebrachten inneren, unbeherrschbaren Zustands des emotionalen Aufruhrs und der daraus resultierenden Bereitschaft zur sexuellen Hingabe zu sein. Durch eine überhöhte Kamerapositon und die Positionierung der Frau auf dem Fußboden tritt der Aspekt der weiblichen Unterwürfigkeit, Hingabebereitschaft und Verfügbarkeit, der in dieser Darstellung enthalten ist, noch deutlicher in Erscheinung.

Beschreibung
Seite 2

Auch durch Absenken oder Schieflegen des Kopfes wird der direkte
Blick in ein Weiblichkeitsritual ver-

wandelt, das kindlich-naive Neugier
oder Unsicherheit signalisiert oder
zumindest neckisch darauf anspielt.

Eine Form der aktiven Herausforderung, die den Vorstellungen von Weiblichkeit angemessen erscheint und in medialen Inszenierungen daher ausschließlich von Kindern und Frauen benutzt wird, ist der verschämte, unsichere, neckische, kokette oder verführerische Blick aus den Augenwinkeln und über die Schulter.

Angriffslustige, gönnerhafte oder gar verächtliche, abwertende Blicke sind für Frauen tabu. Sie werden nicht als natürlicher Ausdruck einer negativen Einstellung oder für das Gegenüber unvorteilhaften Bewertung akzeptiert, sondern als Ausdruck von Zikkigkeit entwertet. Wenn überhaupt, dann stellen Medien den mimischen Ausdruck abwertender, sich negativ gegen andere richtender Gefühle bei Frauen und insbesonder Zeichen von Wut und Kampfbereitschaft als eine vollkommen unangemessene, hysterische Verhaltensweise dar, wobei gelegentlich durchaus Bedauern darüber mitschwingt, daß man solches „früher" besser unter Kontrolle hatte.

Die öffentliche Selbstdarstellung mit geschlossenen Augen und hingebungsvoller Miene schließlich ist als Zeichen absoluter Unterwerfung unter die gegebene Situation ebenfalls ein klassisches Weiblichkeitsritual. Frauen werden dementsprechend häufig in einem solchen Zustand der Hingabe dargestellt.

Der einzige Mann in meiner Sammlung, der eine vergleichbare emotionale Darstellung liefert, ist offensichtlich kein „richtiger" Mann, da durch den Bildkontext eindeutig als Homosexueller gekennzeichnet. Insofern verliert diese Darstellung ihren Charakter als unumkehrbares Geschlechtsritual nicht wirklich: Die männliche Position als Nutznießer der Hingabe – die von Robert W. Connell treffend bezeichnete „patriarchale Dividende" – bleibt in jedem Fall erhalten.

Dem männlichen Gebrauch der Mimik zur Demonstration von Status und zum Ausdruck von Dominanz entspricht auch die auffällige Zurschaustellung von Stirnfalten, die schon bei blutjungen männlichen Models beobachtet werden kann. Stirnfalten gelten deshalb als besonders männlich, weil sie Elemente des natürlichen Ausdrucks von Wut wie des symbolischen Ausdrucks von Unbeugsamkeit und wilder Entschlossenheit sind, von kritischer Prüfung und der damit verbundenen Potenz zur Be- und Abwertung. Als natürliche Begleiterscheinung signalisieren sie ein fortgeschrittenes Alter, was – wenn auch in unserer Kultur nur noch im Hinblick auf Männer – ebenfalls mit einem entsprechenden Statuszuwachs verbunden ist.

An Frauen hingegen „mögen Männer keine Falten". Durch die Vorgabe des Ideals der „natürlichen" Faltenfreiheit und mit Hilfe der kosmetischen Industrie wird sichergestellt, daß die Ausbildung von Falten so lange wie möglich unterbleibt bzw. nicht sichtbar in Erscheinung tritt.

Das offensichtlich unausrottbare, immer wieder aufgelegte Klischee des blonden Dummchens sollte uns deutlich vor Augen führen, daß weibliche heterosexuelle Attraktivität weder durch Zeichen körperlicher und geistiger Reife noch durch die Demonstration von Selbstbewußtsein oder gar Dominanz ausgedrückt wird, sondern im Gegenteil auf Zeichen körperlicher und geistiger Unreife basiert.

Mit hellem Lockenhaar, vergleichsweise großem Kopf mit überdimensional ausgeprägter Augenpartie, winzigem Näschen, Mündchen und staunend aufgesperrten Kulleraugen entspricht diese Idealvorstellung eines weiblichen Gesichts voll dem biologischen Kindchenschema, das ein Wesen als unreif, hilflos, schutzbedürftig ausweist und dadurch bei anderen reflexartig einen entsprechenden fürsorglichen, zärtlichen Impuls auslösen soll.

Beziehungszeichen

Es gibt eine Vielzahl von Ausdrucksweisen, die deutlich machen, daß zwischen zwei oder mehr Menschen eine Beziehung besteht, und uns zugleich informieren, von welcher Art und Qualität diese Beziehung ist und in welchem sozialen oder persönlichen Verhältnis die Beteiligten zueinander stehen.

Solche Beziehungszeichen können auf unterschiedliche Weise klassifiziert werden.

Beziehungszeichen können von beiden oder nur von einer der beteiligten Personen ausgeführt werden. Dieses Kriterium verweist auf das jeweilige Engagement in der Beziehung. Eine gegenseitige Umarmung macht dementsprechend auch gegenseitiges Interesse deutlich und läßt auf eine gemeinsame Gefühlslage schließen. Ein einseitig ausgeführtes Zeichen, ein bewundernder Blick z.B., der von der anderen Person weder erwidert noch durch ein anderes, gleichwertiges Zeichen aufgewogen wird, oder eine einseitige, besitzanzeigende Umarmung verweisen hingegen auf ein einseitiges bzw. ungleichwertiges Engagement füreinander.

Beziehungszeichen können des weiteren im Hinblick darauf unterschieden werden, ob sie in symmetrischer oder asymmetrischer Weise ausgeführt werden.

In symmetrischen Darstellungsmustern verwenden beide Personen das gleiche Zeichen und charakterisieren ihre Beziehung damit als prinzipiell gleichwertig und harmonisch – z.B. indem sie sich gegenseitig an der Hand halten, sich umarmen, sich gegenseitig freundlich anlächeln oder sich jeweils bei der anderen Person unterhaken.

In einem asymmetrischen Darstellungsmuster benutzen die Beteiligten hingegen unterschiedliche Beziehungszeichen, aus denen hervorgeht, daß sie in dieser Beziehung jeweils unterschiedliche Positionen von unterschiedlichem Gewicht innehaben. Ein solches Muster ist z.B. die Schulter-Hüft-Umarmung, die nur einer Person einen tatsächlich wirkungsvollen Zugriff auf die andere Person ermöglicht, oder das einseitige Unterhaken, durch das eine Person die andere als symbolische Stütze in Anspruch nimmt.

Dadurch wird ein entsprechender funktionaler Unterschied deutlich gemacht, der aber nicht zwangsläufig als Ausdruck einer sozialen Hierarchie interpretiert werden kann. Eine entsprechende soziale Relevanz wächst Beziehungszeichen erst dann zu, wenn ihre Benutzung – worauf bereits eingangs dieses Kapitels hingewiesen wurde – unumkehrbar festgelegt ist.

Erst das Kriterium der Irreversibilität ermöglicht es, zwischen Darstellungen einfacher Unterschiedlichkeit und Darstellungen prinzipieller Ungleichwertigkeit zu unterscheiden. Wird z.B. eine offensichtlich tieftraurige, verzweifelte Person von einer anderen tröstend in den Arm genommen und gestreichelt und bleibt ihrerseits vollkommen passiv, kann daraus zunächst nur auf eine momentane Schwäche geschlossen werden.

Solange die Möglichkeit besteht, daß sie unter anderen Umständen durchaus auch in umgekehrter Weise durchgeführt werden können, verweisen asymmetrische Verhaltensmuster primär auf die Gefühlslage der Beteiligten und haben wenig Aussagekraft in bezug auf ihre sozialen Verhältnisse oder eine gegebenenfalls zwischen ihnen bestehende Hierarchie.

Im Gegensatz dazu dienen irreversible asymmetrische Muster, also jene Verhaltensweisen, die im Grunde niemals vom Partner oder der Partnerin benutzt werden können, in erster Linie der Darstellung sozialer Ordnungen, die auf Ungleichheit und Ungleichwertigkeit gründen.

In streng hierarchisch strukturierten gesellschaftlichen Organisationen wie z.B. dem Militär machen die irreversiblen asymmetrischen Rituale des täglichen Umgangs jede Begegnung zwischen Angehörigen der Institution zum Schauplatz der demonstrativen Zurschaustellung von Status bzw. Dienstgraden.

In einer vergleichbaren, wenn vielleicht auch weniger formalisierten Weise ermöglichen asymmetrische Verhaltensmuster auch in der gleichfalls hierarchisch strukturierten zivilen Arbeitswelt die Feststellung von hierarchischen Positionen und wesentlichen Qualitäten der sozialen Beziehungen.

Im Arbeitskontext ist uns allen scheinbar durchaus klar, daß gleichrangige Personen im Umgang miteinander in der Regel symmetrische oder reversible asymmetrische Formen verwenden und Personen unterschiedlichen Rangs sich durchweg in asymmetrischen Verhaltensweisen austauschen. Findige Kommunikationstrainer haben diesbezüglich bereits Trainingsbedarf festgestellt und bieten vor allem dem gehobenen Management großer Firmen entsprechende Selbsterkenntnis- und Veränderungskurse an.

Einzig im privaten Kontext werden starre, unumkehrbar asymmetrische Muster der symbolischen Kommunikation – so sie denn überhaupt wahrgenommen werden – hartnäckig als Ausdruck unserer menschlichen Natur, als Konsequenz fundamentaler

„Wesensunterschiede" betrachtet und daher kaum einer vergleichbar ernsthaften Betrachtung oder gar kritischen Analyse unterzogen, ganz zu schweigen von entsprechend subversiven Bemühungen, überholte Strukturen umzustürzen.

Es sollte also zumindest im Arbeitskontext, in dem wir die symbolische Körpersprache ja einigermaßen bewußt zur Darstellung von Funktionen und Positionen, also im Sinn einer sozialen Verortung von Personen einsetzen, so sein, daß Geschlecht keine entscheidende Rolle bei der Zuweisung von Verhaltensmustern spielt.

Tatsächlich aber werden selbst in diesem gesellschaftlichen Bereich, in dem angeblich Leistung Priorität vor Emotionalität und Persönlichkeitsmerkmalen hat, immer wieder Versuche unternommen – ernsthafter oder scheinbar scherzhafter Natur –

und unter Umständen sogar Druck ausgeübt, um Frauen zu verunsichern und unter Verweis auf ihre grundsätzliche und naturgegebene „Unterschiedlichkeit" vom Gebrauch symmetrischer Zeichen im Umgang mit gleichwertigen männlichen Kollegen oder dominanter asymmetrischer Muster im Umgang mit Untergeordneten abzuhalten.

Die deutlichsten und im Hinblick auf ihre Konsequenzen gravierendsten systematischen Unterschiede in der Benutzung von Beziehungszeichen zeigen sich vornehmlich im Umgang auf privater Ebene. Hier kann die herrschende Geschlechterideologie ungebremst durchschlagen. Heterosexuelle Männer bringen daher persönliche Beziehungen untereinander weniger durch Gefühlsdarstellungen zum Ausdruck, sondern nach Möglichkeit durch symmetrische Verhaltensmuster, die dazu dienen, sie als grundsätzlich gleichwertige Wesen erscheinen zu lassen. Direkte Berührungen sind eher selten und beschränken sich gegebenenfalls auf die Bereiche Hände, Schultern und Rücken.

Nur in echten Männlichkeitskontexten, wo auch „richtige" Männer ihren Gefühlen in großer Öffentlichkeit freien Lauf lassen dürfen, da sie sich darin als erfolgreich erweisen und hinreichend Härte demonstrieren können, werden Abweichungen von diesem strikten Tabu sichtbar – allerdings selten, ohne Sportjournalisten zu spöttischen Kommentaren zu stimulieren.

Im normalen Alltag bringen Männer den für sie so notwendigen Respekt voreinander dadurch zum Ausdruck, daß sie sich gegenseitig hinreichend Raum und Bewegungsfreiheit lassen. Zu große Nähe kann im Männlichkeitskontext leicht als Angriff mißverstanden werden.

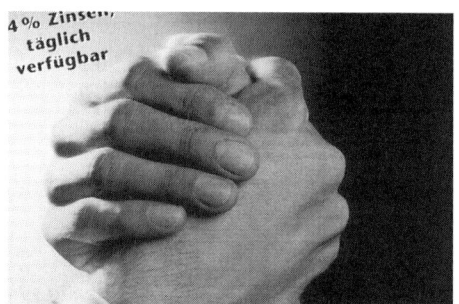

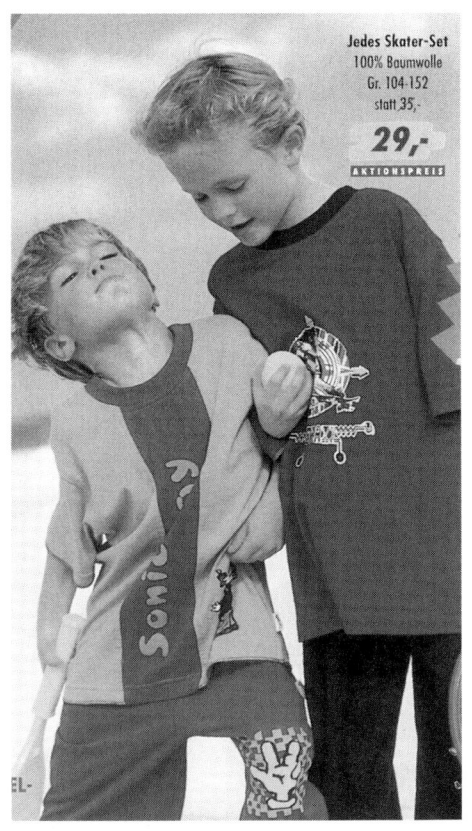

Freunde, Kameraden und Kumpane geben sich durch symmetrische Schulterumarmungen zu erkennen, wobei zu deren ordnungsgemäßer Durchführung auch beträchtliche körperliche Anstrengungen in Kauf genommen werden. Auch deutliche Alters- oder Größenunterschiede, die im Umgang mit Frauen in der Regel als Begründung für die Verwendung irreversibler asymmetrischer Beziehungszeichen angeführt werden, spielen zwischen Männern offensichtlich keine entscheidende Rolle. In Männerfreundschaften hat die Darstellung prinzipieller Gleichwertigkeit oberste Priorität und rangiert sogar noch vor der eigenen Bequemlichkeit. In gemischtgeschlechtlichen Paardarstellungen werden Beziehungen, wie wir noch sehen werden, ungeachtet ihrer tatsächlichen Wertigkeit prinzipiell durch Zeichen der Ungleichwertigkeit ausgedrückt.

Im Weiblichkeitskontext lassen sich persönliche Beziehungen auf eine wesentlich differenziertere Weise ausdrücken. Frauen sind untereinander nicht auf symmetrische Verhaltensmuster fixiert, sondern können je nach Bedarf bzw. Gefühlslage symmetrische wie auch asymmetrische, macht- und gefühlsgeladenere Muster benutzen. Die Möglichkeit, daß ihre Beziehung deshalb von außen betrachtet als hierarchisch strukturiert und sie selbst darin u.U. als die untergeordneten Partnerinnen wahrgenommen werden könnten, scheint Frauen im deutlichen Gegensatz zu Männern weder besonders zu tangieren noch zu beängstigen. Dadurch halten sie sich das ganze Spektrum emotionaler Ausdrucksmöglichkeiten für die Darstellung von Beziehungen

offen. Dieser Vorteil beschränkt sich allerdings auf den Umgang mit anderen Frauen.

Einen vollkommen anderen Eindruck vermitteln die Darstellungen privater Beziehungen zwischen den Geschlechtern. Einseitige, unumkehrbar asymmetrische Verhaltensweisen charakterisieren überwiegend das Verhältnis der Geschlechter auf symbolischer Ebene als zutiefst hierarchisch geprägt. Unsere Kultur stellt einen großen Fundus ungleichwertiger Darstellungsrituale bereit. Sie müssen nicht erst individuell „erfunden" werden. Sie sind beispielsweise im Regelwerk des guten Benehmens bzw. des männlich-ritterlichen Verhaltens kodifiziert und werden Kindern von klein auf als selbstverständliche, angemessene, le-

gitime und daher unproblematische Umgangsformen im Geschlechterverhältnis vermittelt, z.B. das Unterhaken, das als einseitiges Zeichen weibliche Unselbständigkeit und Abhängigkeit von der Unterstützung durch Männer symbolisiert.

Viele dieser irreversiblen asymmetrischen Beziehungszeichen, die von den Geschlechtern im privaten Umgang miteinander alltäglich benutzt und von den Medien immer wieder zitiert werden, sind so „selbstverständlich", daß den AkteurInnen weder ihr ritueller Charakter noch ihre symbolische Bedeutung auf sozialer Ebene bewußt ist. Die meisten von uns betrachten diese Verhaltensmuster durchaus als spontanen Ausdruck ihrer Gefühle innerhalb der Beziehung. Selbst ihre Massenhaftigkeit und Stereotypie ändern daran

nichts, da sie in der Regel gar nicht wahrgenommen werden. Dabei muß in Anbetracht ihrer nachweislichen Irreversibilität gerade ihre emotionale Qualität sehr in Frage gestellt werden. Es ist jedoch nicht leicht zu erkennen, daß die Darstellungen unserer privatesten Empfindungen, wie alle unumkehrbaren asymmetrischen Muster, in erster Linie der Zurschaustellung und Festigung einer sozialen Ordnung der Ungleichwertigkeit dienen. Viele, vor allem junge Menschen, wollen das nicht gern wahrhaben. Aber auch ihnen offenbart sich der soziale Charakter scheinbar emotionaler Beziehungszeichen spätestens dann, wenn sie, und sei es nur spielerisch, versuchen, die Rollen zu vertauschen.

Eines der auffälligsten und zugleich am wenigsten bewußten hierarchischen Darstellungszeichen heterosexueller Bindungen in der Öffentlichkeit ist die Tatsache, daß Männer Frauen jeglichen Alters und unabhängig von ihren relativen Größenverhältnissen stets wie kleine Kinder an der Hand führen. Das zeigen nicht nur fiktive Inszenierungen, sondern auch reale Fotos, die ich auf öffentlichen Plätzen unbeobachtet machen konnte, hier aber aus Platzgründen nicht im entsprechenden Umfang wiedergeben kann, in großer Zahl. Diese Beziehungsdarstellung wird euphemistisch als Hand-in-Hand-Gehen, oder auch als „Händchenhalten" bezeichnet. Tatsächlich drückt sich in der Art, wie sie vollzogen wird, jedoch keineswegs die durch diese Begrifflichkeit angedeutete Symmetrie und Gleichwertigkeit aus. Es wäre zutreffender und entlarvender, sie als braves Ander-Hand-Gehen der Frau unter der Führung des Mannes zu bezeichnen. Sie signalisiert die freiwillige, vertrauensvolle Unterordnung der Frau unter den männlichen Führungsanspruch und ermöglicht im Bedarfsfall ihre Erzwingung auf der Basis purer physischer Überlegenheit des Mannes.

98

Als Quelle der Darstellungsymbolik dient auch im Hinblick auf Beziehungszeichen vor allem die Eltern-Kind-Kommunikation, Interaktionsmuster einer definitiv hierarchisch strukturierten Beziehung, das jedoch als biologisch begründet und daher durchaus auch als legitim betrachtet wird. Kinder sind ja tatsächlich nicht nur relativ, sondern auch objektiv betrachtet klein und schwach. Sie blicken somit zwangsläufig zu Erwachsenen auf und suchen mit gutem Grund Geborgenheit und Schutz an ihrer Brust oder hinter ihrem Rücken. Ihnen wird aufgrund ihrer emotionalen Unreife mit Recht zugestanden, ihren Gefühlen und Bedürfnissen unverhohlen und unverfälscht Ausdruck zu verleihen.

Aber selbst Kinder bezahlen für diese Privilegien, und zwar damit, daß sie die absolute Überlegenheit und Dominanz der Erwachsenen anerkennen und hinnehmen müssen, daß diese Macht über sie haben und ausüben. Dies drückt sich im Umgang zwischen ihnen deutlich darin aus, daß Erwachsene Kinder ohne erkennbare Anstrengung auf den Arm nehmen und nach Belieben transportieren können, daß sie Kinder anleiten und führen, sie beschützen und lenken und sie gelegentlich auch – natürlich immer zu ihrem Besten – in ihrem Verhaltensspielraum einengen, sie mißachten und bevormunden.

All diese zwischen Kindern und Eltern, wie gesagt, als natürlich empfundenen und weitgehend als legitim erachteten Ausdrucks- und Kommunikationsformen, durch die sie ihre Beziehung als eine emotionale und zugleich sozial absolut ungleiche charakterisieren, tauchen in der Inszenierung privater Beziehungen zwischen Männern und Frauen in ritualisierter Form wieder auf. Das Ausmaß und der Umfang der geschlechtsspezifischen Ritualisierung machen es möglich, daß praktisch jede aufeinander bezogene Handlung, jede Geste, jeder Blick dazu beitragen können, Männer als Wesen darzustellen, die Frauen in jeder sozial relevanten Hinsicht überlegen sind.

a) relative Größenverhältnisse
Männer sind in unserer Kultur nicht grundsätzlich, aber im Durchschnitt zweifellos größer als Frauen (übrigens aus dem gleichen Grund, aus dem Europäer durchschnittlich größer sind als Asiaten, nämlich nicht zuletzt als Langzeitfolge unterschiedlicher Ernährungs- und Lebensbedingungen). In privaten Beziehungen zwischen den Geschlechtern sind Männer infolge eines am heterosexuellen Ideal männlicher Überlegenheit orientierten selektiven Paarbildungsverhaltens beider Geschlechter allerdings so gut wie *immer* größer als ihre Frauen. Dieses Muster braucht hier nicht mehr im einzelnen nachgewiesen zu werden, denn es zieht sich als Konstante durch das gesamte Bildmaterial.

Männliche Überlegenheit wird auch durch künstliche Hilfsmittel, z.B. durch überhöhte Positionierungen inszeniert. Als „Oberhaupt" von Familien können sie diese durch symbolische einseitige Berührungen als zusammengehörig darstellen und zugleich dominieren.

Überhöhte Positionierung erleichtert es Frauen, sich schutzsuchend an männliche Schultern zu schmiegen. Sie selbst scheinen aus künstlich er-

höhten Positionen keinen Vorteil ziehen zu können, sondern demonstrieren selbst dann ihre Angewiesenheit auf männliche Unterstützung.

Ungeachtet seiner real allmählich dahinschwindenden Bedeutung als Haupt der Familie inszenieren die Medien den Mann nach wie vor als den – dementsprechend bewunderten – Versorger von Frauen und Kindern. Die Aufgabe der Frau bleibt hingegen – schon im Kindesalter – darauf beschränkt, ihm als dienstbarer und willfähriger Geist das Leben zu versüßen und so angenehm wie nur möglich zu machen. Die Frau als Beschützerin? Höchstens ein dümmlicher Scherz.

In fiktiven Inszenierungen kennzeichnet die Umkehrung der Größenverhältnisse die Beziehung zwischen Mann und Frau entweder auf privater Ebene als eher unmöglichen „Witz" oder macht deutlich, daß es sich nicht um eine persönliche Beziehung, sondern um eine geschäftsmäßige oder zufällige Begegnung handelt. In einem der beiden folgenden Bilder wird der im Verhältnis zur Frau kleinere Mann durch seine Domestikenuniform und sein devotes Verhalten gegenüber der an ihm sichtlich desinteressierten Dame als eine ihr sozial untergeordnete Person und ihre Begegnung als eher zufällig charakterisiert. Im anderen Bild, das einen hochkarätigen Modeschöpfer und sein nicht minder bekanntes Model zeigt, macht der Mann seine soziale Überlegenheit durch die einseitige, demonstrativ besitzanzeigende Umarmung der Frau geltend, während sie ihre relative Unterlegenheit bzw. Abhängigkeit dadurch zum Ausdruck bringt, daß sie ihre volle Aufmerksamkeit und emotionale Energie auf ihn konzentriert.

b) *gegenseitige Zugriffe: festhalten und festgehalten werden*
In der Darstellung privater Beziehungen stellen Männer oft ihren Körper Frauen auf eine selbstverständliche, nahezu beiläufige Weise, die ihre eigene Bewegungsfreiheit nicht oder kaum beeinträchtigt, als symbolischen Schutzschild oder Halt zur Verfügung. Sie selbst wirken in solchen Darstellungen ebenso unbeteiligt, autonom und unabhängig, als stünden sie allein vor uns. Die Beziehung wird einseitig durch weibliche Aktivitäten angezeigt. Durch scheinbar schutz- und haltsuchende Berührungen, durch Sich-Festhalten und Anklammern, durch vertrauensvoll wirkendes Sich-Anschmiegen bringen Frauen mit der Beziehungsdarstellung auf eindrucksvolle Weise zugleich Unsicherheit und durchaus einseitige emotionale Abhängigkeit zum Ausdruck.

Kariertes Shirt 39,90
Webhose 49,90

Pullover
39,95
Stretch-Hose
49,

90

Swe
Skate

je **4**

ROCKY-T-SHIRTS

YS „REGULAR", 5-POCKET, GERADER
TT, IMMER ERHÄLTLICH.

0

0

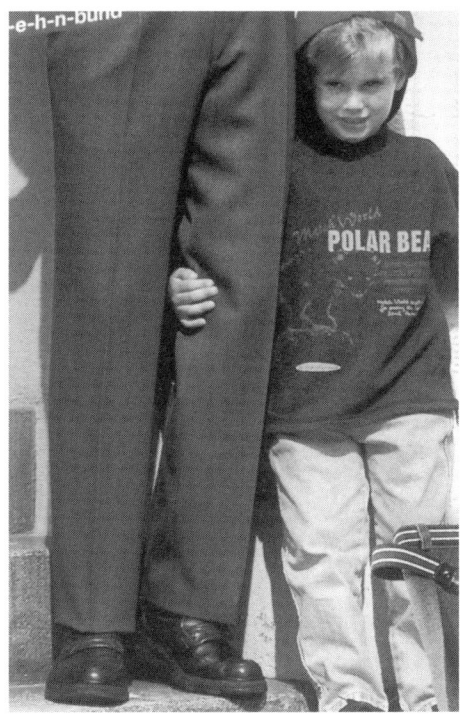

e-h-n-bund

POLAR BEA

Jacquard-
Polo
79,95

Einseitig von Frauen benutzte Beziehungszeichen, z.B. der häufig zu beobachtende bewundernde Blick von der Seite oder das in Sport und Politik beliebte doppelseitige „Siegerküßchen" schränken die männliche Bewegungsfreiheit keineswegs ein. Sie haben die Funktion, den Betroffenen symbolisch aufzuwerten oder den von ihm errungenen Spitzenplatz nachdrücklich als umfassenden Sieg zu charakterisien.

Einseitig von Männern benutzte Beziehungszeichen bringen in der Regel wenig Emotionalität und niemals emotionale Abhängigkeit zum Ausdruck, sondern signalisieren Überlegenheit und Dominanz. Männlicherseits vollzogene Beziehungsrituale basieren auf gesellschaftlich festgelegten Berührungsprivilegien, die Männern eine Vielzahl von Mög-

Dieser Stil ist zeitlos.

lichkeiten eröffnen, ihre Überlegenheit auf wirkungsvolle Weise zu demonstrieren, ihre Ansprüche an Frauen auszudrücken, Besitzverhältnisse zu dokumentieren und im Zweifelsfall auch erst herzustellen.

Während Frauen sich an Männern festhalten, haben Männer Frauen fest im Griff. Männliche Umarmungen schränken die Bewegungsfreiheit von Frauen erheblich ein und ermöglichen ihnen, sie zu steuern und zu lenken. Eine beliebte Form ist die polizeigriffartige Halsumarmung, die nur für Männer äußerst bequem ist. Frauen bestätigen die Rechtmäßigkeit und Erwünschtheit solcher Übergriffe dadurch, daß sie sie entweder vollkommen passiv hinnehmen oder durch entsprechende Zeichen, z.B. Händchenhalten, einen bewundernden Blick oder ein hingebungsvolles Lächeln, erwidern.

c) der Eltern-Kind-Komplex

Innerhalb der Eltern-Kind-Kommunikation resultiert die prinzipielle
Unumkehrbarkeit ihrer Verhaltensmuster zwangsläufig aus dem tatsächlich gegebenen körperlichen
und geistigen Gefälle zwischen kleinen, schwachen, unmündigen Kindern und ihren großen, starken und
vernunftbegabten Eltern. Im Umgang
der Geschlechter ist ein solches Gefälle natürlich trotz selektiver Paar-
bildungsstrategie nicht in dem Sinn
gegeben. Es wird vielmehr durch die
Verwendung entsprechender Darstellungsmuster aus der Eltern-Kind-
Beziehung rituell hergestellt.

108

Die anhand des Bildmaterials demonstrierte Verpflichtung der einen Hälfte unserer Bevölkerung, sich insbesondere im privaten Umgang mit der anderen Hälfte durch ritualisierte Verhaltensweisen fortwährend als unterlegen zu klassifizieren, ist in unserer demokratisch organisierten Gesellschaft einzigartig.

Es ist ja ein essentielles Merkmal offener Gesellschaften, daß sozial relevante Rituale nicht quasi unauflöslich mit stabilen, unveränderlichen Identitätsmerkmalen verknüpft werden, z.B. der Hautfarbe oder ethnischen Zugehörigkeit, sondern höchstens mit variablen sozialen Funktionen und Rollen. Derartig dauerhafte, unveränderliche Verknüpfungen sind eigentlich nur unter Bedingungen totalitärer oder willkürlicher Herrschaft gegeben und erwünscht. Es gibt kein anderes persönliches Identitätsmerkmal in unserer Kultur, das einen vergleichbar gravierenden Einfluß auf das alltägliche Verhalten und die symbolische Selbstdarstellung und Kommunikation von Individuen hat, wie das Merkmal Geschlecht.

Die unbezweifelbare und eigentlich unübersehbare soziale Konsequenz dieser Rituale, die das Geschlechterverhältnis als ein Verhältnis zwischen Starken und Schwachen festlegen, wird heute immer noch negiert oder mit Blick auf ihren rituellen Charakter bagatellisiert.

Abgesehen davon, daß ritualisierte Verhaltensweisen in unserer Kultur nicht nur der Darstellung von Geschlecht dienen, sondern generell weit verbreitet sind und unser ganzes soziales Leben wirkungsvoll strukturieren, kann selbst stark formalisierten Ritualen eine Rückwirkung auf das Selbstbewußtsein der Beteiligten nicht abgesprochen werden.

Wirklich bemerkenswert in diesem Zusammenhang ist, daß nur und gerade im Hinblick auf die Konstruktion von Geschlecht Sinn und Bedeutung gesellschaftlicher Rituale nicht mehr wahrgenommen werden, die ja vor allem darin bestehen, die wesentlichen Glaubenssätze einer Gemeinschaft zum Ausdruck zu bringen und sie damit am Leben zu erhalten.

Ihre ganz konkreten Auswirkungen auf das Verhalten von Frauen und Männern in konflikthaften Situationen sollen im nächsten Abschnitt beispielhaft deutlich gemacht werden.

2. Ein kleiner Schritt:
Von der symbolischen Kommunikation zur realen Gewalt

Im vorausgegangenen Abschnitt wurden die zentralen Aspekte der kulturellen Codes von Männlichkeit und Weiblichkeit anhand hyperritualisierter medialer Darstellungen von Frauen und Männern herausgearbeitet. Obgleich die Zusammenhänge zwischen Geschlechterritualen und in unserer stammesgeschichtlichen und individuellen Entwicklungsgeschichte tief verwurzelten Dominanz- bzw. Unterwerfungsmustern sozusagen auf der Hand liegen und daher kaum geleugnet werden können, wird doch ihre soziale Relevanz mit dem Hinweis auf ihren rein symbolischen Charakter häufig heruntergespielt bzw. in Frage gestellt. Mit diesem Aspekt setze ich mich daher im folgenden Abschnitt auseinander.

Ich beziehe mich dabei auf konkrete Situationen und Interaktionen, die ich in den letzten Jahren im Rahmen eines Seminars zum Thema „Körpersprache, Macht und Geschlecht" auf Video aufgezeichnet und analysiert habe. Daran möchte ich aufzeigen, daß Geschlecht nicht nur als ein (etwas leichtfertig und vorschnell als oberflächlich oder beliebig unterschätztes) symbolisches Darstellungsmuster realisiert wird, sondern daß es tiefgreifende und folgenschwere Auswirkungen auf unser konkretes Verhalten in sozialen Situationen und unsere kommunikativen Strategien im Umgang mit anderen

hat. Geschlecht ist nicht nur ein Akt der symbolischen Darstellung. Es entfaltet als verinnerlichte Struktur auch auf der Ebene des alltäglichen Handelns eine enorme ordnende Kraft. Dazu tragen vor allem zwei Aspekte bei, in denen sich symbolisches Handeln mit den Mitteln der Körpersprache vom symbolischen verbalen Sprechen unterscheidet.

Erstens sind körpersprachliche Geschlechtsdarstellungen zwar ritualisierte Verhaltensweisen, aber keineswegs nur „symbolisch" im Sinn von abstrakt. Wie ich gezeigt habe, basieren sie auf natürlichen Verhaltensweisen mit vielfach universellen Bedeutungen und starken Wirkungen sowohl auf die AkteurInnen wie auch auf die AdressatInnen. Diese ursprünglichen Bedeutungen und Wirkungen werden durch den Prozeß der Ritualisierung im Zusammenhang mit der Konstruktion des Mythos Geschlecht zwar verdeckt bzw. verschleiert (der schiefgelegte Kopf einer Frau wird in der Regel nicht bewußt als Zeichen der Unterwerfung interpretiert), sie gehen dadurch aber keineswegs verloren. Sie bestehen auf anderer, unbewußter Ebene weiter.

Zweitens ist der Übergang von der symbolischen zur konkreten Handlung in der Körpersprache durchaus fließend. Der Unterschied zwischen einer Drohgebärde mit vorgestrecktem Zeigefinger und einem tätlichen Angriff ist weniger grundsätzlich als der zwischen einem verbalen und einem direkten körperlichen Übergriff. Auf körpersprachlicher Ebene wird der Schritt von der symbolischen Handlung zur konkreten Tätlichkeit nicht zuletzt durch die größere Bedeutungsvielfalt und Kontextabhängigkeit der Zeichen und durch die etablierten einseitigen Berührungsprivilegien von Männern gegenüber Frauen erleichtert.

Ein körperlicher Übergriff auf eine Frau kann vom männlichen Akteur z.B. relativ leicht als Angebot einer Dienstleistung oder Hilfestellung dargestellt und gerechtfertigt werden („Ich wollte ja nur behilflich sein!"). Wenn er als harmlos bagatellisiert wird, kann zugleich auch die Verantwortung für eine eventuell entstandene peinliche Situation wieder der Betroffenen zugeschoben werden („Stellen Sie sich doch nicht so an, das war doch nicht böse gemeint, was war denn schon dabei" etc).

Da Geschlecht prinzipiell als ungleiches Machtverhältnis konstruiert wird, das letztlich auf die Herstellung und Bestätigung männlicher Überlegenheit abzielt, zeigen sich gerade im Kontext von Macht bzw. Machtausübung im Sinn der Definition von Max Weber („Macht ist die Chance, innerhalb einer sozialen Beziehung den eigenen Willen auch gegen Widerstreben durchzusetzen, gleichviel, worauf diese Chance beruht") deutliche Unterschiede zwischen den Ge-

schlechtern. Die Art und Weise, wie in sozialen Situationen Ziele deutlich gemacht, und die Mittel, mit denen sie angestrebt werden, enthalten immer auch eine Beurteilung der Situation und der beteiligten Personen, die mit den grundlegenden Vorstellungen in Einklang stehen müssen, die durch das Geschlechterkonzept vorgegeben werden.

Daher stehen Frauen und Männern, die sich mit dem hegemonialen Männlichkeits- bzw. dem subdominanten Weiblichkeitskonzept identifiziert haben und Geschlecht in der vorgegebenen Weise konstruieren, nur dementsprechend beschränkte Mittel zur Durchsetzung ihrer Interessen und Ziele zur Verfügung.

Diese Konzepte eröffnen einerseits Männern eine wesentliche größere Bandbreite von dominanten, auch aggressiven Möglichkeiten der Durchsetzung als Frauen, andererseits schränken sie die weiblichen Möglichkeiten durch generelle Verpflichtung auf die Aufrechterhaltung grundsätzlicher männlicher Überlegenheit extrem ein. Vor diesem Hintergrund können Frauen in der direkten Konfrontation mit männlichen Konkurrenten letztlich nur verlieren – entweder in bezug auf ihr konkretes Ziel oder darauf, als „richtige" Frau anerkannt zu werden.

Zur Überprüfung dieser These führen die TeilnehmerInnen an den Seminaren zum Thema „Körpersprache, Macht und Geschlecht", die ich seit Jahren an der Universität München abhalte, Rollenspiele durch, die auf Video aufgezeichnet und gemeinsam analysiert werden. In dieser Veranstaltung setze ich systematisch Rollenspiele ein, um Verbindungen zwischen der individuellen Körpersprache, verschiedenen Konzepten von Macht und der Kategorie Geschlecht herauszuarbeiten. Jedes Spiel wird mehrfach durchgeführt, damit jede Rolle hinreichend oft sowohl von Teilnehmerinnen wie von Teilnehmern gespielt werden kann. Bei der konkreten Ausgestaltung der jeweiligen Rollen ist ihrer Phantasie keine Grenze gesetzt.

Außer den jeweiligen Handlungszielen gibt es keine Vorgaben. Im sogenannten Parkbankspiel geht es also nur darum, sich auf öffentlichem Territorium gegen eine hinzukommende Person durchzusetzen, die einen unerwünschterweise in ein Gespräch verwickeln will. Im „Türsteherspiel" geht es darum, einen abweisend eingestellten „Türsteher" zu überwinden.

Zu Machtspielen werden diese simplen Rollenspiele dadurch, daß die Ziele der beiden Beteiligten den Vorgaben entsprechend konfligieren und sie darauf verpflichtet sind, sie nicht aufzugeben. Wie nicht anders zu erwarten, entwickeln in dieser Situation Spielerinnen und Spieler durchaus unterschiedliche Strategien der Durchsetzung. Eine weitere interessante Erkenntnis bestand darin, daß im Verlauf des Geschehens das ursprüngliche vorgegebene Ziel –

das Spiel zu gewinnen – oft in den Hintergrund trat. Die anschließenden Diskussionen ergaben, daß ein solcher Sieg unter Umständen als oberflächlich betrachtet wurde. Er war nicht das entscheidende Kriterium für die subjektive Einschätzung des Spiels als „geglückt" oder „mißlungen". Wesentlich bedeutungsvoller schien zu sein, ob und inwieweit das eigene Bild von Weiblichkeit oder Männlichkeit durch die eingesetzten Verhaltensweisen und -strategien aufrechterhalten bzw. bestätigt werden konnte.

Eigentlich sollten die Rollenspiele durch die minimalen Vorgaben den TeilnehmerInnen einen möglichst weiten Raum eröffnen, in dem sie viele unterschiedliche, eben individuelle Muster und Strategien der Durchsetzung bzw. Abgrenzung zum Einsatz bringen konnten. Mit zunehmender Zahl der durchgeführten Spiele kristallisierten sich jedoch einige wenige überindividuelle, letztlich „geschlechtstypische" Muster heraus, aus denen deutlich hervorging, daß sich Frauen und Männer in ihrem Handeln auf durchaus unterschiedliche Machtgrundlagen bezogen. Männer operierten in der Regel auf der Basis von physischer und intellektueller Überlegenheit, formeller Autorität und Expertenmacht. Sie inszenierten sich selbst schlicht als ihren SpielgegnerInnen in körperlicher, geistiger, altersmäßiger, sozialer oder ökonomischer Hinsicht überlegen und scheuten auch vor drastischen Mitteln, dies deutlich zu machen, nicht zurück. Frauen bevorzugten eher indirekte und mittelbare Machtgrundlagen. Sie versuchten, entweder ihre persönliche Attraktivität auszuspielen oder ihre RollenpartnerInnen indirekt, durch Appelle an ihre Höflichkeit und Hilfsbereitschaft zu manipulieren. Als entscheidender Nachteil dieser Strategien im Gegensatz zu jenen der Männer, die auf Expertenmacht, legitimer Macht oder simpler Zwangsmacht beruhten, erwies sich, daß letztlich nicht die agierende Person, sondern die RollengegnerInnen über ihren Erfolg entschieden. Denn sie „unterwarfen" sich der Attraktivitätsmacht dann und nur dann, wenn das entsprechende Angebot für sie tatsächlich von Reiz war, das heißt, wenn in diesem Austausch auch – man könnte fast sagen vor allem – ihre eigenen Bedürfnisse befriedigt wurden.

64 der Parkbank-Rollenspiele wurden systematisch und differenziert danach ausgewertet, welcher Mittel sich die Spielenden bedienten, um den Kontakt herzustellen bzw. abzublocken, wie sie die Situation definierten, wer von beiden jeweils die Initiative ergriff, wer angriff bzw. Verteidigungspositionen aufbaute, wer sich letztlich wie durchsetzen konnte, und nicht zuletzt mit welchen persönlichen Kosten ein Sieg eventuell erkauft wurde. Dabei zeigten sich in beiden Rollen – sowohl in der „Verteidiger"- als der „Angreifer"-Position – die erwarteten deutlichen Unterschiede zwischen den Geschlechtern.

Paradoxe Strategien:
Dominanz durch Unterwerfung
Die Strategien der Frauen schienen insgesamt deutlicher als die der Männer von der Verpflichtung auf ein den eigenen Interessen gewissermaßen übergeordnetes Harmonieprinzip bestimmt gewesen zu sein. Einige versuchten zwar gelegentlich auch reine Dominanzstrategien anzuwenden, z.B. indem sie unverblümt Forderungen stellten, den RollenpartnerInnen sehr nahe rückten, abweisende Zeichen ignorierten oder sich einem Mann gegenüber als Expertin inszenierten („Ich sehe, Sie lernen für die Führerscheinprüfung! Da könnte ich Ihnen doch helfen, ich hab' ihn nämlich schon"). Dabei scheiterten sie tatsächlich aber öfter an sich selbst, an ihrer scheinbaren „Unfähigkeit", dieses Dominanzgebaren überzeugend und konsequent durchzuhalten, als an den besonderen Abgrenzungsfähigkeiten ihrer jeweiligen RollenpartnerInnen.

Das geschlechtsspezifische Tabu, sich insbesondere Männern gegenüber als überlegen darzustellen oder zu verhalten, resultierte zum einen in deutlich größerer Unsicherheit der Frauen beim Vorantreiben solcher Vorgehensweisen. Erkennbar ungeübt in dieser Form der Durchsetzung verfielen die Frauen zwischen den einzelnen Vorstößen oft in minutenlanges hilfloses Schweigen mit entsprechend ansteigender Spannung, von der aber eher die „Angegriffenen" profitieren konnten als sie selbst. Zum anderen konnten sie den Gestus der Dominanz nicht ebenso selbstsicher und überzeugend wie viele der männlichen Spieler aufrechthalten. Sie vereitelten oft durch „unpassende" Freundlichkeiten oder Einsprengsel von Unterwürfigkeit, auf die ihre PartnerInnen dann natürlich freudig Bezug nahmen, selbst ihre Chancen, auf diesem direkten Weg zum Erfolg zu kommen.

Typischer für die Teilnehmerinnen und in einem bestimmten Rahmen durchaus auch zielführender waren Austausch- bzw. Verführungsstrategien. In diesen versuchten sie, ihre PartnerInnen durch das Angebot von Gegenleistungen auf eine symmetrische und emotionale Interaktion zu verpflichten („Ich arbeite für ein Meinungsforschungsinstitut. Wenn du mir ein kurzes Interview gibst, kannst du die Pizza nachher auch aufessen").

Mit solchen, teilweise recht witzigen Strategien waren Frauen tatsächlich häufig erfolgreich, allerdings nur im Umgang mit Frauen. In den Auseinandersetzungen mit Männern waren Frauen mit ihren auf Symmetrie bedachten Strategien weniger erfolgreich. Sie mußten im Gegenteil im Umgang mit den Männern deutliche Asymmetrien nicht nur in Kauf nehmen, sondern waren förmlich dazu gezwungen, aktiv an der Herstellung solcher Ungleichheitsstruk-

turen mitzuwirken, um überhaupt eine Chance auf Erfolg zu haben. Sie mußten sich unterwerfen, um zu siegen.

Letztlich stellte sich die aktive Beteiligung an der Konstruktion von „männlicher Überlegenheit" als optimale Voraussetzung für einen weiblichen „Sieg" über einen Mann heraus. Solche Siege können bitter sein, da sie mit beträchtlichen Vorleistungen verbunden und mit Kosten für die spätere Siegerin belastet sind. Wenn wir von der Voraussetzung ausgehen, daß Rollenspieler und Rollenspielerin zunächst grundsätzlich gleichwertig sind, dann muß die Rollenspielerin die notwendige Ungleichheit entweder auf der einen Seite durch Selbstabwertung herstellen (z.B. indem sie sich als dumm, unwissend, hilfsbedürftig, krank etc. darstellt, um z.B. der Bitte um Hilfe oder Erklärungen den scheinbar nötigen Nachdruck zu verleihen) oder auf der anderen Seite durch gezielte Aufwertungsarbeit in bezug auf den Rollenpartner (durch vorgespielte Zeichen respektvoller Anerkennung und Bewunderung, durch konstante körperliche und visuelle Zuwendung, deutliche Zurschaustellung von Begeisterung etc.).

Tatsächlich stand in den gemischtgeschlechtlichen Spielen stets der männliche Partner im Zentrum der Aufmerksamkeit. In einem solchen angenehmen Klima absoluter Überlegenheit, das noch dazu ohne eigenes Zutun oder besondere Kraftanstrengung hergestellt worden war, konnten die Männer auch am ehesten „schwach" werden und sich bereitwillig in ein Gespräch verwickeln lassen. In den anschließenden Diskussionen machten sie deutlich, daß der negative Aspekt des Verlierens auf der Ebene des Spiels im Vergleich mit der positiven, selbstbestätigenden Wirkung der aufwertenden Dauerberieselung durch die weibliche Bewunderung und Unterwerfung für sie kaum ins Gewicht gefallen war.

Siegen um jeden Preis
Erwartungsgemäß konnten männliche Spieler sich gegen weibliche insgesamt häufiger (im Verhältnis 3:1) durchsetzen als umgekehrt. Diese Erfolge waren zum großen Teil dem machiavellistischen Grundcharakter ihrer Strategien zuzuschreiben sowie der Tatsache, daß sie sich nicht scheuten, nach dem Prinzip „verbrannte Erde" durchaus auch rücksichtslos und extrem egoistisch vorzugehen. Sie stellten im Gegensatz zu den Frauen in der Regel nicht ihre Spielpartnerinnen, sondern sich und die eigenen Interessen in den Mittelpunkt. Sie versuchten weder, ihre Gegenspielerinnen durch Schmeicheleien zu manipulieren noch durch symbolische Unterwerfung zu einem Gespräch zu animieren, sondern konfrontierten Frauen (und auch Männer) meist ganz unverblümt mit sehr direkten Forderungen (nach einer Zigarette, der Zeitung, Gesprächsbereitschaft etc.).

Männer dominierten relativ ungeniert: Sie verletzten die Grenzen des persönlichen Raums, indem sie an ihre PartnerInnen heranrückten und vor Berührungen und regelrechten Übergriffen nicht zurückscheuten. Sie starrten sie herausfordernd an, ignorierten Zurückweisungsversuche oder verwickelten sie in langwierige Rechtfertigungsgespräche, unterbrachen und beleidigten sie. Beispielhaft für typisch männliche Strategien sind die drei nachfolgend dargestellten Verläufe.

1. Dem „Gentleman" gelang es, die eindeutige Dominanz seiner Forderungsstrategie („Könnte ich mal den Sportteil Ihrer Zeitung haben?", die er mit territorialen Übergriffen und verbalen Unterbrechungen unterstrich) durch betont formvollendetes, höfliches, scheinbar respekt- und rücksichtsvolles Vorgehen zu verschleiern. Er spielte seine Gegnerin sehr geschickt dadurch aus, daß er sie durch dieses scheinbar höfliche Verhalten gleichsam auf einen ebenso höflichen symmetrischen Gegenzug verpflichtete. Dem konnte sie sich tatsächlich nicht entziehen. Nachdem das Gespräch eröffnet war, kam sie im weiteren Verlauf des Spiels seinen Wünschen sogar im Übermaß nach.

2. Der „Draufgänger" überrumpelte seine Gegnerin, indem er seine Forderung (nach einer Zigarette) von Anfang an in einen überwältigenden Komplex pseudo-kumpelhafter, tatsächlich aber eindeutig aggressiver

Dominanzmittel einbettete (er bedrängte sie räumlich, indem er extrem nah aufrückte, verunsicherte sie durch dominantes Starren, tätigte „scherzhafte" körperliche Übergriffe); er stellte sein Kommunikationsbedürfnis nicht als Wunsch, sondern als legitimen Anspruch dar, den er mit aufdringlicher Hartnäckigkeit und durch ignorantes „Übersehen" ihrer halbherzigen, aber durchaus erkennbaren Zurückweisungssignale bis zum Schluß aufrechthielt. Ihre Abwehrhaltung war ambivalent und durchsetzt von durchaus anerkennenden verbalen Einsprengseln (z.B. „Du bist ja ganz nett, aber..."). Diese Bemerkung machte sie mit voller visueller Zuwendung und strahlendem Lächeln.

Selbst auf seinen Übergriff auf ihre Lektüre, die er ihr einfach vom Schoß nahm, um ihre Aufmerksamkeit zu erzwingen, reagierte sie nicht aggressiv. Mit einer hilflos-kindlichen Geste, indem sie sich beide Ohren zuhielt, versuchte sie sich von seiner Suada ununterbrochener Forderungen passiv abzuschotten, ohne ihm damit zu nahe zu treten.

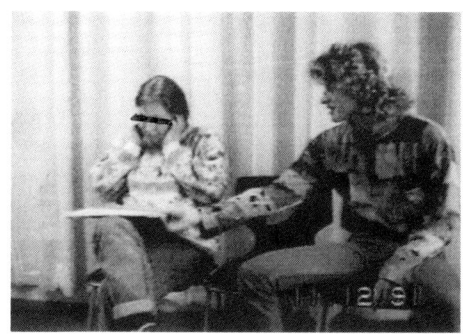

Auf seinen letzten Versuch („Komm, sei nicht so!") reagierte sie extrem ambivalent: Sie bestätigte mit abweisender Körperhaltung und trotzigem Lächeln die Kritik an ihrer Person, die in seiner Aufforderung mitgeklungen war: „Bin so!"

3. Der „Playboy" konnte zunächst die sichtlich amüsierte Aufmerksamkeit seiner Gegenspielerin dadurch gewinnen, daß er sich übertrieben ironisch als unterwürfig, schwach, und wenig selbstbewußt inszenierte (durch „weibisch" enge Beinhaltung, unruhiges Herumrutschen auf der Bank mit verwundenem Körper, lautes Seufzen und demonstrative verbale Selbstabwertung: „Ich kann das nicht, ich weiß nie, wie ich ein Mädchen ansprechen soll...").

Als sich daraus aber kein rechtes Gespräch ergeben wollte, setzte er seine Partnerin im weiteren Verlauf des Spiels mit zunehmend dominanteren körpersprachlichen und verbalen Mitteln unter Druck.

Im kritischen Moment, als sie sich endgültig von ihm abzuwenden schien, änderte er seine Taktik und startete einen direkten Angriff auf den zentralen Aspekt weiblicher Geschlechtsidentität, indem er ihn in Frage stellte: „Ich dachte immer, du wärst so ein nettes Mädchen, aber ich schein' mich da geirrt zu haben." Auf diese Bemerkung hin wandte sie sich ihm voll zu und nahm das im Grunde bereits abgewehrte Gespräch von sich aus wieder auf.

Solche vorrangig von Männern benutzten dominanten Machtstrategien, die auch vor negativen Einwirkungen auf die andere Person nicht zurückschrecken, entfalten ihre Durchschlagskraft vor allem in der Abwehr aktiver und fordernder Frauen. Weibliche Versuche, gegen den expliziten Willen des Mannes ein Gespräch einzuleiten, wurden, falls sie nicht ohnehin dem typischeren

Muster der Selbstabwertung/Fremdaufwertung entsprachen, von den männlichen Spielpartnern in äußerst selbstbewußter und nicht selten verletzender Weise zurückgewiesen.

Dabei konnten sie auf ein umfangreiches und eindrucksvolles Arsenal körpersprachlicher Mittel (vom „Überhören" und „Übersehen" über indignierte, mißbilligende, distanzierende Blicke mit unbewegter oder abschätziger Miene bis zu aggressiven körperlichen Übergriffen), auf eine breite Palette sprachlicher Dominanzmittel (minimale oder verzögerte Reaktionen, direkte Zurechtweisungen, ironische Kommentare, Disziplinierungsversuche, Beleidigungen) und nicht zuletzt auf das Mittel der Metakommunikation (die Kommentierung der Auseinandersetzung aus einer quasi neutralen Expertenposition) zugreifen. Manche schreckten selbst davor nicht zurück, ihre SpielpartnerInnen drastisch zu kritisieren und damit förmlich zu vernichten („Hat dein Papa dir nicht gesagt, du sollst keine fremden Männer ansprechen?"; „Ist schon ein bißchen plump, oder, was du da machst!"; „Ach, 'ne Emanze bist du – hast du auch deine ‚Emma' dabei?" etc.).

Solche Bemerkungen wurden mit einem deutlichen Ausdruck von Respektlosigkeit (verächtliche Miene, lautes Schmatzen, beiläufiges Blättern im Buch während des Gesprächs, ungebührliche Ausbreitung auf der gemeinsamen Bank etc.) vorgetragen.

Männer ergriffen auch wesentlich häufiger als Frauen die Gelegenheit, mit einem „letzten Wort" eine für sie bereits verfahrene Situation bewußt umzudefinieren und die SpielpartnerInnen damit abschließend abzuwerten. Dadurch gelang es ihnen, zumindest in der eigenen Wahrnehmung, auch eindeutige Niederlagen scheinbar noch in Siege zu verwandeln („Ich geh jetzt, du bist mir sowieso zu langweilig").

Besonders folgenschwer erscheint mir das unterschiedliche Ausmaß, in dem sich Frauen und Männern offenbar den Grundregeln des sozialen Verhaltens verpflichtet fühlen und sich daran halten. Männliche Spieler setzten sich häufig erst durch, wenn sie durch eklatante Verstöße gegen Grundregeln der Höflichkeit, der generellen Verpflichtung, in sozialen Interaktionen nicht nur das eigene, sondern auch das „Gesicht" der InteraktionspartnerInnen zu wahren, der Verpflichtung zu kleinen Dienstleistungen in der Öffentlichkeit etc. das Selbstwertgefühl ihrer SpielpartnerInnen wirksam und nachhaltig erschütterten.

Diese Methode erwies sich als um so erfolgreicher, je stärker die davon Betroffenen diese Regeln selbst verinnerlicht hatten und sie ihrerseits einhielten. Frauen kritisierten solche Regelwidrigkeiten und -verletzungen durch männliche Spielpartner zumeist nicht als Ausdruck schlechter Manieren oder gar eines schlechten Charakters (eine Möglichkeit, mit solchem Verhalten in dominanter Weise umzugehen, die umgekehrt durchaus ergriffen worden war), sondern nahmen sie „persönlich", interpretierten sie als Angriff auf ihre Person.

Ein Spieler schaffte es beispielsweise, seine Gegenspielerin allein dadurch in die Flucht zu schlagen, daß er den von ihr höflich entbotenen Gruß bewußt ignorierte und ihr somit die Anerkennung als gleichwertiges Subjekt verweigerte.

Das bewußte Ignorieren eines anderen Menschen ist ein zutiefst kränkendes, weil sozial degradierendes Verhalten. Es war nicht ohne Grund in vergangenen Zeiten Bestandteil des Umgangs mit Lakaien, Domestiken oder Sklaven, die dadurch als „Unpersonen" gekennzeichnet wurden.

Und bist du nicht willig...
Eines der Türsteher-Rollenspiele nahm im Sommersemester 1996 einen unerwarteten Verlauf mit bemerkenswerten und lange nachwirkenden Folgen. Auch dieses Spiel war, wie stets, in allen geschlechtsspezifischen Kombinationen durchgespielt worden: Männer waren gegen Männer, Frauen gegen Frauen, Frauen gegen Männer und Männer gegen Frauen angetreten.

Im Unterschied zum „Parkbankspiel" geht dieses Spiel nicht von einer grundsätzlichen Machtgleichheit zwischen den Beteiligten aus. Die Türsteherfigur kann nicht nur persönliche Macht einsetzen, sie repräsentiert als „Amtsperson" institutionelle Macht. Insofern ist sie der zugangheischenden Person grundsätzlich überlegen.

Aus diesem Grund endet dieses Spiel in der Regel – unabhängig vom Geschlecht der Spielenden – mit einem Sieg der TürsteherIn; die Zugangheischenden brechen nach dem vergeblichen Einsatz unterschiedlichster verbaler und körpersprachlicher Mittel den Versuch der Durchsetzung meist irgendwann als gescheitert ab.

In diesem Spiel jedoch, das letztlich zum Abbruch der ganzen Spielserie und zu heftigen Diskussionen im Seminar führte, wurden erstmals die Grenzen symbolischer Kommunikation in gravierender Weise überschritten. Im folgenden gebe ich den Verlauf dieses Ereignisses auf verbaler und nonverbaler Ebene wieder, wobei einige entscheidende Momente durch Videoprints belegt werden. Die Namen der Beteiligten wurden verändert, ihre Identität, soweit gewünscht, verschleiert.

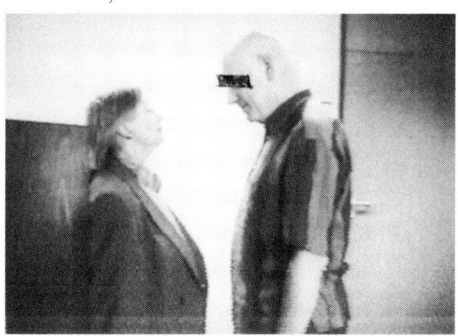

HANS geht zügig und locker mit den Armen schwingend auf Helga zu, und baut sich grinsend frontal vor ihr auf, wobei er dicht an sie herantritt: *HALLOO-O, MIR WURDE GESAGT, DAß ICH HEUTE NICHT REINKOMME HIER?*

HELGA, sehr aufrecht, mit ernster Miene und den Blick direkt auf Hans gerichtet, antwortet bestimmt und deutlich akzentuiert: *DAS STIMMT!*

HANS, weiterhin grinsend: *DAS GLAUBE ICH NICHT!*

HELGA, mit ernster Miene: *STIMMT TROTZDEM!*

HANS, weiterhin grinsend: *DAS KANN ICH IMMER NOCH NICHT GLAUBEN.*

HELGA, weiterhin ernst: *DANN FEHLT ES AM VORSTELLUNGSVERMÖGEN!*

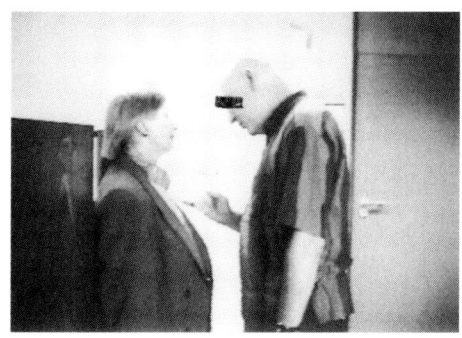

HANS berührt Helga leicht mit dem kleinen Finger seiner rechten Hand an der linken Schulter: *JETZT HÄTTE ICH GERN GEWUßT...*

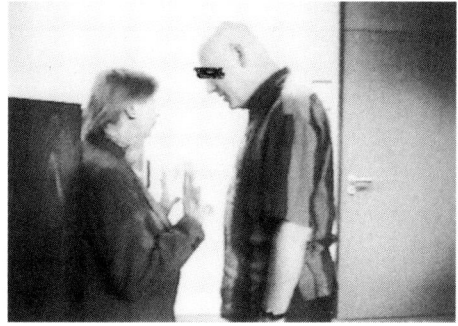

HELGA wehrt ihn mit einer deutlichen Geste beider Hände ab und sagt ernst und fest: *BITTE, FINGER WEG!*

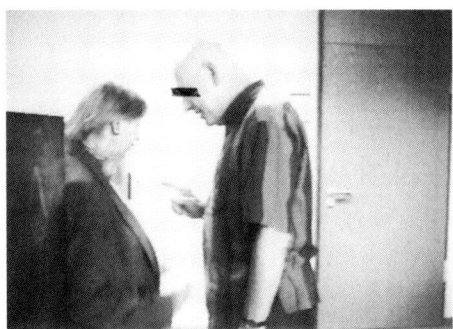

Ohne darauf zu reagieren, setzt HANS setzt abermals zu einer Berührung an, diesmal mit dem Zeigefinger, und fährt fort: *OB SIE...*

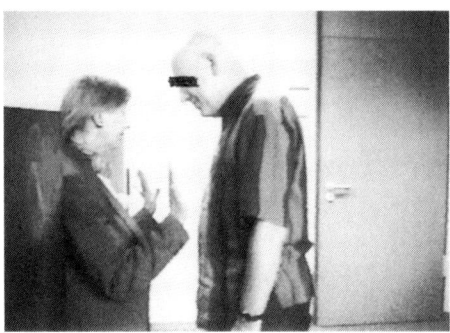

HELGA vollzieht nochmals die beidhändige Abwehrgeste und wiederholt mit Nachdruck: *FIN-GER WEG!!*

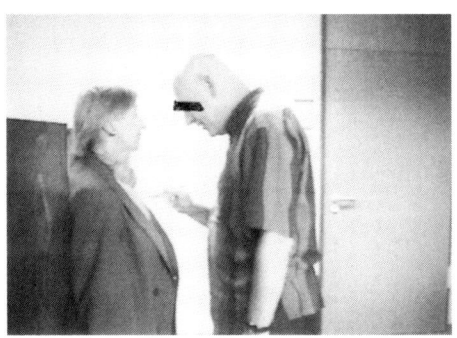

Davon demonstrativ unbeeindruckt und unverändert grinsend setzt HANS abermals zu einer Berührung an und vollendet seinen Satz: *...OB SIE HINTEN GENAUSO CHIC SIND WIE VORNE!*

HELGA steckt beide Hände in ihre Jackentaschen und erwidert mit ernster Miene: *AH, DARAUF MÜSSEN SIE VERZICHTEN!*

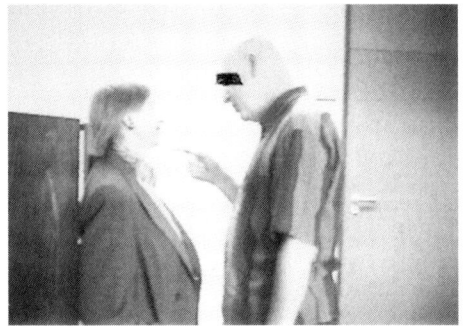

HANS grinsend: *WARUM?*
HELGA zuckt mit den Schultern: *TJA, GANZ EINFACH, WARUM SOLLTE ICH MICH JETZT UMDREHEN?*
HANS zielt mit dem Zeigefinger neben ihrem Gesicht vorbei in den Raum hinter Helga: *JA, WEIL, ICH MAG WENIGSTENS DA HINTEN REIN...*
HELGA, mit spöttischer Miene: *DAS MAG SCHON SEIN.*

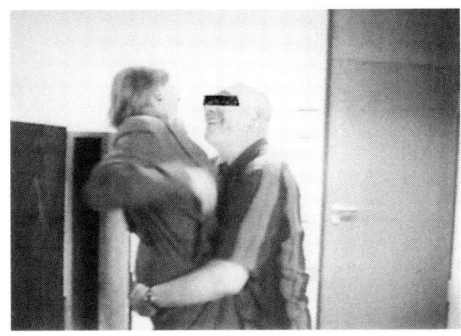 

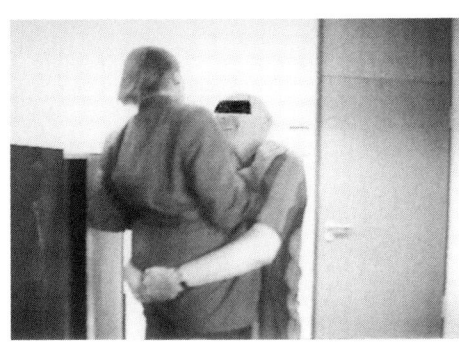 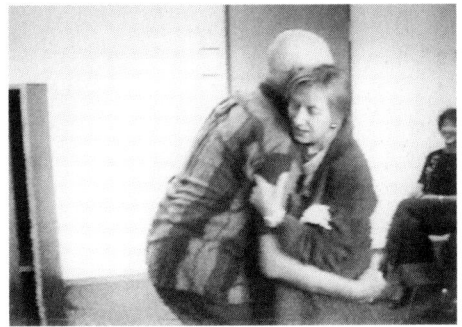

Plötzlich und unvermittelt stößt Hans einen sehr lauten, langgezogenen, unartikulierten Schrei aus: *AHHHH!!!* Er geht in die Knie, packt, immer noch grinsend, Helga mit beiden Armen um die Hüften, hebt sie hoch und versucht, sie zur Seite zu stellen. Es gelingt ihr nur mit Mühe, ihre Hände aus den Taschen zu ziehen und einen Versuch zu unternehmen, sich aus seinem Griff zu befreien. Beide geraten ins Trudeln, er verliert das Gleichgewicht, taumelt, läßt sie jedoch noch immer nicht los. Gemeinsam stürzen sie zu Boden. Auf seinem Gesicht liegt nach wie vor das stereotype Grinsen, auf ihrem blankes Entsetzen und Angst.

Nachdem der erste Schock überwunden war, setzte eine intensive

Auseinandersetzung ein, die sich bis zum Ende des Semesters hinzog. Allen war klar, daß eine entscheidende Grenze überschritten worden, aus dem Spiel plötzlich ein Ernstfall geworden war, der wesentlich schlimmer hätte ausgehen können.

Helga hatte nicht nur einen psychischen Schock erlitten, sondern sich beim Sturz auch leichte körperliche Verletzungen zugezogen. Trotz intensiver Auseinandersetzungen auch unter Zuhilfenahme der Videoaufzeichnungen gelang es der Gruppe nicht, Hans zu überzeugen, daß er allein die Eskalation zu verantworten hatte. Er vertrat im Gegensatz bis zuletzt die Meinung, daß andere dafür zur Verantwortung zu ziehen seien: zum einen ich, die Leiterin des Seminars, da ich ihn zu dem Spiel „gezwungen" hätte (tatsächlich bezog er sich damit darauf, daß alle TeilnehmerInnen an diesen Seminaren sich zu Beginn schriftlich bereiterklären, an den Spielen nicht nur als passive ZuschauerInnen, sondern aktiv teilzunehmen, und damit auch ihr Einverständnis zur Aufzeichnung, wissenschaftlichen Auswertung und Veröffentlichung geben); zum anderen aber hielt er seine Spielpartnerin Helga für verantwortlich, da sie sich zur Wehr gesetzt hatte, als er sie hochhob, und somit letztlich selbst den Sturz ausgelöst hatte, was er natürlich bedauerte. Den Übergriff selbst konnte er nicht problematisieren. Es war ihm nicht möglich, seine Vorgehensweise im Spiel und seine

anschließenden Rechtfertigungsversuche als geschlechtstypische Muster zu durchschauen und sich dazu kritisch zu verhalten.

Er versuchte sogar, die Auswertung und Veröffentlichung dieses Spiels zu verhindern. Es waren vor allem diese Diskussionen und die weiteren Ereignisse, die sich erst im Anschluß an das Ereignis selbst entwickelten, die auf alle anderen TeilnehmerInnen, wie mir nachdrücklich versichert wurde, unabhängig von ihrem Geschlecht eine im Sinn des Seminarthemas außerordentlich lehrreiche Wirkung hatten.

Wir alle waren Zeugen eines Verhaltens- und Denkmusters geworden, das uns bis dahin nur aus der Literatur und der Presse als typisches Verhalten im Kontext von Belästigungs- oder Vergewaltigungsprozessen bekannt war. Nun hatten wir selbst erlebt, wie – aus einer unreflektierten hegemonialen Männlichkeitsvorstellung heraus – ein Täter die Verantwortung für seinen unerwünschten und ungerechtfertigten Übergriff auf eine Frau bedenkenlos auf das Opfer projizierte, während sich seine Sorge hinsichtlich der Konsequenzen seines Tuns vor allem auf die Bewahrung des eigenen Images beschränkte.

Hans hatte zunächst nur versucht, wie andere Spieler auch, durch dominantes, einschüchterndes Verhalten das vorgegebene Machtverhältnis umzukehren und so zum Erfolg zu kommen. Mit den Mitteln seiner

Wahl, dem symbolischen Eindringen in den persönlichen Raum und in die Intimsphäre der „Türsteherin" (durch dichtes Herantreten, Hineingestikulieren, diverse Berührungen und die sexualisierte Bezugnahme auf ihr Äußeres sowie das respektlose Ignorieren ihrer unmißverständlich deutlichen verbalen und nonverbalen Signale der Zurückweisung) war er jedoch an Helgas konsequenter und klarer Haltung gescheitert. Weitere symbolische Mittel standen ihm nun offenbar nicht zur Verfügung.

Die sich abzeichnende Niederlage wollte oder konnte er jedoch nicht akzeptieren. Dies brachte ihn dazu, die symbolische Ebene der Kommunikation zu verlassen und auf das primitive Machtmittel der Körperkraft zurückzugreifen. Es schien, als ob er sie durch seinen vollkommen unvermittelt vorgetragenen Angriff, den er mit einem wahrlich furchterregenden, tierisch anmutenden Kampfschrei begleitete, „lähmen" wollte, um sie dann – wie ein Objekt – einfach aus dem Weg zu räumen.

Helga ihrerseits hatte in keinem Moment dieser Interaktion die in der Rolle begründete Übermacht gegen ihn ausgespielt. Sie befand sich im Gegenteil von Anfang an klar in der Defensive.

Eine solche Konstellation ist keineswegs selbstverständlich. Es hatte vorher durchaus SpielerInnen gegeben, die ihre durch die Rolle verliehene Macht geradezu lustvoll zur Selbstaufwertung durch Fremdab-

wertung nutzten, indem sie die Zugangheischenden nicht einfach nur abwiesen, sondern persönlich abwerteten und regelrecht beleidigten. Nicht wenige setzten ihre Macht ganz willkürlich und auch verletzend ein (z.B. durch abschätzige Bemerkungen wie „mit diesem Outfit, dem Gesicht, dieser Figur etc. kommst du bei mir aber nicht rein", wobei die Betonung auf „mir" lag; durch demonstrativ gelangweiltes Ignorieren der vorgebrachten Einlassungen).

Helgas Haltung hingegen war von Anfang an sachlich und bestimmt gewesen. Mit ihrem unpersönlichen Ton, ihrer ironischen, selbstbewußten, keineswegs verunsichernden oder herabwürdigenden Vorgehensweise machte sie deutlich, daß es ihr „um die Sache" ging, nicht um die „Vernichtung" des Gegenspielers. Diese selbstbewußte Haltung wurde von Hans nicht honoriert.

Der Verlauf und das Ende dieses Rollenspiels sind ein gutes Beispiel dafür, daß aggressive körperliche Übergriffe auf Frauen im hegemonialen Männlichkeitskonzept prinzipiell als Möglichkeit angelegt sind, und zwar relativ unabhängig vom konkreten Verhalten der betroffenen Frauen. Ausschlaggebend für entsprechende Handlungen ist offensichtlich bereits der drohende Verlust der Überlegenheitsposition bzw. die klare und unmißverständliche Zurückweisung unberechtigter Forderungen durch eine Frau.

Von der symbolischen Bedrohung

durch aggressives Gestikulieren und dichtes Aufrücken, das – wie im vorigen Kapitel belegt – heute durchaus als typisch männliches Selbstdarstellungsverhalten akzeptiert wird und kaum negative Sanktionen nach sich zieht, zum konkreten Übergriff ist nur ein relativ kleiner Schritt.

Dies macht es für die Betroffenen nicht gerade leicht, den richtigen Zeitpunkt zu finden, zu dem sie wirkungsvoll dagegen einschreiten könten. Verwahrt sich eine Frau früh genug dagegen, wird dies vom Betroffenen unter Umständen als „zu" früh und sie demzufolge als „zickig", humorlos oder hysterisch hingestellt.

Solche abqualifizierenden Bemerkungen auch im zweiten Schritt noch ruhig und gelassen als unzutreffende, unberechtigte Einlassung zurückzuweisen, die eigene Definition und Bewertung der Situation selbstbewußt dagegenzusetzen, müssen viele Frauen erst noch lernen. Eine Reaktion mit gleichen Mitteln, ein Gegenangriff ist im traditionellen Weiblichkeitskonzept nicht vorgesehen.

Unter solchen Umständen hat letztlich der, dem der Schritt zur Gewalt gegen andere grundsätzlich offensteht, stets die besseren Karten.

„Es hat halt nicht funktioniert..."
Legitime weibliche Durchsetzungsstrategien, die auf der Grundlage des traditionellen Weiblichkeitskonzepts entwickelt werden können und es bestätigen, eröffnen keine Möglichkeiten, die Grenzen zur körperlichen

Gewalt sozusagen schleichend zu überwinden. Im Gegenteil: Frauen können sich mit den Unterwerfungsstrategien, die ihnen nahegelegt werden und sicher nicht selten auch zum gewünschten Ergebnis führen, nicht nur in lächerliche, sondern auch in durchaus gefährliche Situationen hineinmanövrieren, aus denen sie sich dann aus eigener Kraft kaum noch befreien können.

Auch dafür soll ein Rollenspiel als Beispiel angeführt werden, zu dem sich jeder weitere Kommentar erübrigt. Nur soviel: Es ist möglicherweise kein Zufall, daß dieses Spiel unmittelbar vor dem Spiel stattgefunden hatte, in dem Hans als Zugangheischender gegen Helga angetreten war. Zuvor hatte Hans selbst die Rolle des mächtigeren Türstehers inne, während die relativ zierliche und nach den Vorstellungen des heterosexuellen Schönheitsideals außerordentlich hübsche und attraktive Anna versuchen sollte, ihn zu überwinden. Auch Anna setzte eine klassisch geschlechtsstereotype Strategie in bis dahin nicht erlebter Weise ein.

Das Spiel war nur von kurzer Dauer und verlief folgendermaßen:

Anna geht ein paar schnelle Schritte auf Hans zu und läßt sich etwa im Abstand von einem Meter mit einem spitzen Schmerzensschrei zu Boden fallen. *„AUA!!"* Sie windet sich, wie von Schmerz gepeinigt, auf dem Boden und gibt dabei ununterbrochen hohe, quietschende Töne von sich, die fast wie die Schreie neugeborener Katzen oder Hunde klingen, die nach ihrer Mutter rufen.

Hans steht aufrecht, starr und unbewegt, mit hängenden Armen vor seiner „Tür". Er schaut Anna ganz direkt und völlig ungerührt an.

Anna kauert nun verkrümmt auf dem Boden, verzieht ihr Gesicht wie vor Schmerzen und richtet einen flehenden Blick aus den Augenwinkeln nach oben, auf Hans. In hohem, anklagendem Tonfall sagt sie: *JETZT SEIEN SIE DOCH SO NETT, HELFEN SIE MIR DOCH, BITTE!!*

HANS, kurz angebunden: *WOBEI?*

ANNA, weiter in jammerndem Tonfall: *ICH HAB MIR MEIN, MEIN, DEN KNÖCHEL VERKNACKST!*

HANS, lakonisch: *SO EIN PECH.*

ANNA, jammernd: *AUA, AUA...*

HANS, beiläufig: *JA, JA, DAS KANN MAL HIN UND WIEDER...*

ANNA, lauter, fordernder, unterbricht ihn: *KÖNNEN SIE BITTE AN-RU-FEN!!*

HANS: *ICH? NE!*

ANNA, drängender: *JA DOCH, SIE!*

HANS, abschließend: *ICH BIN DAFÜR NICHT ZUSTÄNDIG. ICH BIN HIER DER TÜRSTEHER UND NICHT DER ANRUFER.*

ANNA, anklagend: *HÖRN SIE MAL, DAS IST UNTERLASSENE HILFELEISTUNG! DAS KÖNNEN SIE NICHT MACHEN!*

HANS: *DAS KANN ICH SCHON!*

Darauf wendet Anna ihren Blick von ihm ab, starrt kurz verloren vor sich hin und spricht dann ins Publikum: *HAT NICHT FUNKTIONIERT!*

In den vorangegangenen Kapiteln ging es darum, zu zeigen, wie Geschlecht „gemacht" wird: welche Rolle das zentrale Beziehungsmedium Körpersprache dabei spielt, wie die Benutzung dieses Instruments durch das bipolare Geschlechtersystem ritualisiert wird und welche sozialen Konsequenzen sich daraus ergeben. Es wurde deutlich, daß wir selbst, indem wir uns praktisch ununterbrochen in einer durchgehend von diesem Geschlechtersystem bestimmten Weise darstellen und verhalten, die Geschlechterhierarchie, die Überlegenheit des männlichen und die Nachrangigkeit des weiblichen Geschlechts, herstellen und aufrechterhalten.

Selbstverständlich sind die gezeigten Unterschiede in der Selbstdarstellung und in den kommunikativen Strategien von Frauen und Männern nicht allein für ihre scheinbare soziale Ungleichwertigkeit verantwortlich. Sie sind nur ein kleiner, wenngleich keineswegs unwichtiger Bestandteil eines komplexen Systems aus gesellschaftlichen Variablen (z.B. der geschlechtsspezifischen Organisation der gesellschaftlich notwendigen Arbeit und der Kontrolle über die Produktion und Verteilung der hergestellten Güter), kulturellen Werthaltungen (z.B. der traditionell geringeren Wertschätzung spezifisch weiblicher Fähigkeiten und Tätigkeiten, die sich in einer durchweg schlechteren Bezahlung von Frauen ausdrückt) und faktischen Arrangements der Geschlechter (z.B. dem unterschiedlichen Engagement von Frauen und Männern im Prozeß der Fortpflanzung), das sich wie in einem Teufelskreis ständig selbst bestätigt und am Leben erhält.

Geschlecht ist, wie wir gesehen haben, viel mehr als eine soziale Rolle. Eigentlich würden die eingeschliffenen Arbeits- und Familienstrukturen Frauen und Männern ja nur unterschiedliche Rollen abverlangen, und die Nachrangigkeit der weiblichen Rolle ergäbe sich dann in erster Linie daraus, daß dem ökonomischen Sektor der Vorrang vor dem familiären gegeben wird, dem die Frauen zugeordnet sind.

Wäre Geschlecht nur eine Rolle, stünden Frauen und Männern, die eine traditionelle Rollenverteilung ablehnen, in unserer vom postmodernen Vielfältigkeitsanspruch förmlich hingerissenen Gesellschaft auch einigermaßen ausreichend Möglichkeiten offen, alternative Lebens- und Arbeitsformen zu realisieren. Bislang zeichnen sich aber in dieser Richtung weder einschneidende Veränderungen noch revolutionäre Umwälzungen ab. Während Frauen, häufig eher der Not als dem eigenen Antrieb gehorchend, zunehmend in „männliche" Bereiche einbrechen, bleibt die Zahl der Männer, die den entgegengesetzten Schritt wagen, unverändert klein.

Abgesehen von sozialen Bedingungen läßt sich das Beharrungsmoment traditioneller Geschlechterarrangements psychologisch vor allem darauf zurückführen, daß Geschlecht ein tief im Selbst, in der Identität und Persönlichkeit von Individuen verankertes Konstrukt ist, das scheinbar nicht von außen oktroyiert wird, sondern sich unmittelbar aus den Individuen heraus entfaltet. Erst dadurch, daß wir in ununterbrochener sozialer Tätigkeit Geschlecht als das konstruieren, was es scheinbar von Natur aus schon ist, werden die allgegenwärtigen geschlechtsgebundenen Strukturen und Werthaltungen letztlich so stabilisiert und verankert, daß sie kaum oder nur sehr schwer zu durchbrechen sind.

Aus diesem Grund ist die Erkenntnis, daß Geschlecht – wie es hier und heute in Erscheinung tritt – keine biologische Gegebenheit ist, sondern eine soziale Konstruktion, zu der jedes einzelne Individuum selbst einen entscheidenden Beitrag leistet, bereits der erste Schritt in Richtung grundsätzlicher Veränderungen im persönlichen und gesellschaftlichen Bereich, die im Hinblick auf wirkliche Gleichstellung von Frauen und Männern notwendig wären.

Da auf solche Erkenntnisse sinnvollerweise Aktionen folgen sollten, steht in diesem Abschnitt die Frage im Zentrum, wie und wodurch auf persönlicher Ebene und besonders im privaten Umgang der Geschlechter, der sich ja immer offensichtlicher als der eigentliche Hort überkommener patriarchaler Strukturen erweist, entscheidende Veränderungen vollzogen oder zumindest angestoßen werden könnten.

Dabei werden wir auf einen Aspekt von Körpersprache Bezug nehmen, der bisher kaum Erwähnung gefunden hat, sich aber im Rahmen von Veränderungsversuchen als hilfreich erweisen kann: ihre reflexive Wirkung.

In der vorausgegangenen Analyse der Geschlechterrituale standen die kommunikativen, informativen, sozialen und symbolischen Funktionen der Körpersprache im Vordergrund. Untersucht wurde, auf welche ursprünglicheren Bedürfnisse und Emotionen sie zurückgeführt werden können, welchen Eindruck sie dadurch bei anderen erwecken, welche Absichten ihnen unterstellt werden können und welche sozialen Auswirkungen sie haben.

In ihrer reflexiven Funktion richtet sich die Botschaft der Körpersprache im Gegensatz dazu nicht auf andere Personen, sondern – mit der ganzen ihr innewohnenden Kraft – auf die Akteure und Akteurinnen selbst. Eine unterwürfige Körperhaltung, ein anbiedernder Gesichtsausdruck, ein abqualifizierendes Lachen auf eigene Kosten vermitteln ebenso wie eine stolzgeschwellte Brust, ein selbstbewußtes Grinsen oder ein Lachen aus vollem Hals nicht nur anderen Menschen entscheidende Informationen über die Persönlichkeit oder die soziale Position einer Person. All dies wirkt auch in bekräftigender Weise auf sie selbst zurück.

Auch in diesem Zusammenhang entfaltet die Körpersprache aufgrund ihrer Besonderheit – ihrer Ursprünglichkeit, ihres prinzipiell natürlichen Charakters und ihrer Bedeutung als zentrales soziales Kommunikationsinstrument – eine besondere Wirkung. Wie ritualisiert und formalisiert jene Verhaltensmuster tatsächlich auch sein mögen, mit deren Hilfe wir Geschlecht tagtäglich als ein ungleiches Machtverhältnis konstruieren – solange wir uns dieser Tatsache nicht bewußt sind, unterscheiden sich die reflexiven Auswirkungen dieser Rituale, ihre Ausstrahlungen auf unsere Befindlichkeit und unser Selbstwertgefühl nicht von den Auswirkungen echter, spontan ausgedrückter Empfindungen und Gefühle.

Auch insofern ist Geschlecht eben doch kein belangloses Theater, wie uns postfeministische Theoretikerinnen weismachen wollen. Es ist vielmehr, wie Goffman sagt, der Garant für die Aufrechterhaltung unserer nach wie vor von Ideologien geprägten sozialen Realität. Daher können seiner Meinung nach Geschlecht mit weit größerer Berechtigung als die Religion als das „Opium des Volkes" bezeichnet werden.

Für all jene, die einen Entzug dieser Droge, eingeschlossen alle negativen, schmerzhaften Begleiterscheinungen, nicht scheuen, weil sie das traditionelle Arrangement der Geschlechter zunehmend mit Unbehagen erfüllt und sie gern Alternativen entwickeln und ausprobieren würden, aber nicht recht wissen, wie, sind die Übungen gedacht, die ich im folgenden vorschlage. Die Übungen sollen Sie dabei unterstützen, Ihre Erkenntnisse, die Sie möglicherweise durch kritische Analyse typischer Geschlechterrituale bereits gewonnen haben, auf die konkrete Ebene des eigenen Verhaltens und Handelns zu übertragen.

In einer entsprechend *bewußten* Darstellung können Sie die ursprünglichen Bedeutungen und sozialen Wirkungen der gängigen Geschlechterrituale zunächst leibhaftig erfahren und unmittelbarer nachvollziehen. Der zweite wesentliche Schritt, der zur Dekonstruktion von Geschlecht als bedeutsame soziale Kategorie beitragen soll, besteht darin, die Genderregeln zu brechen, die verinnerlichten Vorschriften zur genderkorrekten Geschlechtsdarstellung zu mißachten, Tabus zu überschreiten und scheinbar unumkehrbare Rituale einfach umzukehren. Wenn uns das gelingt, erhalten wir die volle Verfügung über unser wichtigstes soziales Kommunikationsmedium Körpersprache zurück, die bislang der Verpflichtung zur ununterbrochenen Konstruktion von Geschlecht zum Opfer gefallen ist.

Es versteht sich daher schon fast von selbst, daß die angebotenen Übungen nicht nur sowohl von Frauen wie von Männern durchgeführt werden können, sondern daß es sogar äußerst sinnvoll und zielführend wäre, wenn sich beide Geschlechter gleichermaßen auf diese Weise kritisch mit sich auseinandersetzten. Üblicherweise interessieren sich ja eher Frauen für derartige Zusammenhänge, und es obliegt dann ihnen, entsprechende Erkenntnisse auch Männern – meist in privaten Zusammenhängen – weiterzuvermitteln und dafür zu sorgen, daß sie für alle Beteiligten gewinnbringend umgesetzt werden. Es liegt darüber hinaus auf der Hand, daß Arrangements zwischen zwei Parteien durch einseitige Aktionen nur schwer grundsätzlich verändert werden können, sich aber um so leichter umstrukturieren lassen, je mehr beide daran interessiert sind und daran arbeiten.

Nicht zuletzt kann die Dekonstruktion von Geschlecht, die in diesen Übungen propagiert wird, zu einem tieferen Verständnis zwischen Frauen und Männern beitragen, da die Wege zur gegenseitigen Einfühlung sich nicht auf den verbalen oder gar intellektuellen Austausch beschränken. Die zwingend nötige Empathie stellt sich hierbei vielmehr

ziemlich unvermittelt ein, wenn wir die Haltungen, Bewegungen, Rituale und Strategien des anderen Geschlechts versuchsweise übernehmen – wenn sich ein Mann ernsthaft, nicht als wohlfeile Lachnummer, als Frau, eine Frau sich als Mann darstellen und verhalten kann.

Die Übungen haben recht unterschiedlichen Charakter. Sie sind als Angebot gedacht, das sich, wenn Sie das Prinzip erfaßt haben, nach Ihrem Belieben erweitern läßt. Manche sollten am besten allein, vielleicht sogar vor einem Spiegel durchgeführt werden. Dabei können Sie ihren Wirkungen auf den unterschiedlichen Ebenen in aller Ruhe nachspüren und gleich auch kontrollieren, welchen Eindruck Sie dabei auf eventuelle Beobachter machen würden.

Sie können sie auch zu zweit durchführen, wobei die andere Person die Aufgabe der Kontrolle und des *feed-back* in bezug auf die Übereinstimmung zwischen Haltung und Vorgaben erfüllt und auch als „Stichwortgeber" fungieren kann. Manche Übungen sind explizite Partnerübungen, wieder andere am besten in Gruppen durchzuführen, und zwar sowohl im Rahmen schulischer oder außerschulischer Bildungsarbeit wie auch im privaten Rahmen, als eine Art „Gesellschaftsspiel".

Wenn Sie im weitesten Sinn in der Bildungsarbeit tätig sind, kann ich insbesondere die Durchführung von „Schattenspielen" (Übung 4) wärmstens empfehlen.

1. Übung: Ein *Standing* Entwickeln

Stellen Sie sich am besten vor einen großen Spiegel und nehmen Sie zunächst die „typisch" männliche Haltung ein, die auf S. 45 demonstriert wird. Achten Sie dabei – vor allem wenn Sie eine Frau sind – auf höchstmögliche Genauigkeit. Entspannen Sie die Muskulatur Ihrer Schultern und ziehen Sie diese vor allem nicht hoch. Ihre Arme sollen nicht verkrampfen, sondern schwer und entspannt in ihren Gelenken hängen. Stehen Sie dabei hinreichend breitbeinig und bequem und verteilen Sie Ihr Gewicht gleichmäßig auf beide Beine.

Stellen Sie sich nun folgende Fragen bzw. Aufgaben:

- Wie fühle ich mich? Solide verankert oder eher klotzig und starr? Ist mir diese Haltung vertraut und angenehm oder vollkommen fremd?
- Bitten Sie jemanden, den Versuch zu unternehmen, Sie aus dem Gleichgewicht zu bringen. Wie fühlen Sie sich dabei? Standhaft oder hilflos ausgeliefert?
- Stellen Sie sich vor, wie verschiedene Menschen (Ihr Chef oder Ihre Chefin, Ihr/e IntimpartnerIn, Freunde und Bekannte) reagieren würden, wenn Sie ihnen in dieser Haltung entgegentreten würden. Wären sie überrascht, irritiert, befremdet, erfreut?
- Versuchen Sie, diese Haltung möglichst neutral im Hinblick auf ihre Bequemlichkeit, auf das Gefühl von Selbstsicherheit, das sie Ihnen vermittelt, und hinsichtlich ihres möglichen Eindrucks nach außen einzuschätzen.

Verändern Sie nun Ihre Haltung so, daß Sie die typisch weibliche Pose einnehmen, wie sie auf S. 47 demonstriert wird. Bemühen Sie sich auch in dieser Haltung, besonders wenn Sie ein Mann sind, um höchstmögliche Genauigkeit. Verlagern Sie Ihr Gewicht auf ein Bein und knicken Sie Ihren Körper mehrfach ab. Stehen Sie möglichst schmal und angespannt.

- Wie fühlen Sie sich jetzt? Schwach oder beschwingt?
- Welche Auswirkungen haben diese Haltungsveränderungen im Hinblick auf Ihre Stabilität? Bitten Sie auch jetzt wieder jemanden darum, Sie versuchsweise aus dem Gleichgewicht zu bringen, und vergleichen Sie, wie lange dies jetzt – im Vergleich zu vorher – dauert. Fühlen Sie sich standhaft, oder empfinden Sie sich als der anderen Person hilflos ausgeliefert?
- Welche der beiden Posen finden Sie anstrengender? Die „männliche" oder die „weibliche"? Welche vermittelt den *Eindruck* von Stärke? Welche bedarf *tatsächlich* eines höheren Kraftaufwands?
- Überprüfen Sie das Ausmaß Ihrer körperlichen Angespanntheit und achten Sie darauf, welche Bereiche Ihres Körpers davon besonders betroffen sind.

- Testen Sie, wie lange Sie diese Pose aufrechterhalten können, ohne zu kippen oder Schmerzen zu empfinden.
- Stellen Sie sich wieder vor, Ihr(e) Vorgesetzte(r), Lebenspartner(in), Freunde oder Bekannte würden Sie so sehen. Wie würden sie darauf reagieren?
- Bewerten Sie auch diese Haltung so neutral wie möglich hinsichtlich der Kategorien Bequemlichkeit, Selbstsicherheit und Wirkung nach außen.

Nehmen Sie nun abschließend Ihre vertraute Haltung ein, jene Haltung, in der Sie normalerweise stehen. Vergleichen Sie diese mit den beiden unterschiedlichen Geschlechterposen.

Worin bzw. inwieweit unterscheidet sich Ihre persönliche Haltung von diesen beiden? Wo liegen Übereinstimmungen? Beurteilen Sie Ihre persönliche Haltung hinsichtlich der drei Kategorien Bequemlichkeit, Selbstsicherheit und kommunikativer Wirkung. Wie schneidet Ihre persönliche Haltung – im Vergleich mit den stereotypen Posen – ab?

Sie können die Wirkung der typischen Geschlechterposen auf andere in sozialen Situationen konkret testen, ohne die anderen einzuweihen. Beobachten Sie nur, ob und in welcher Weise Ihre Umgebung auf die unterschiedlichen Posen reagiert. Vielleicht werden Sie sogar darauf angesprochen. Achten Sie dann darauf, worauf die Bemerkungen Bezug

nehmen. Ist es eher Ihre emotionale oder eher Ihre körperliche Befindlichkeit? In welcher Pose hält man Sie für exaltiert, für „krank"? Wie wirkt sich Ihre Geschlechtszuordnung auf diese Bewertungen aus? In welcher Pose werden Sie als Mann/Frau ganz selbstverständlich ernst genommen, welche betrachtet man bestenfalls als Scherz?

Nun wissen Sie, wo Ihre bisherigen Prioritäten lagen. Sie haben neue Kriterien der Bewertung von Haltungen kennengelernt und können sich jetzt bewußter entscheiden, ob Sie Ihre bisherige persönliche Haltung beibehalten oder Veränderungen vornehmen wollen. Sie haben auch bereits eine Ahnung davon erhalten, in welcher Weise Ihre Umgebung darauf reagieren könnte. Sie wissen also, worauf Sie sich einlassen.

Variationen:

Sie können nun auch die anderen Körperhaltungen, die in Kapitel 2 anhand von Bildern als besonders geschlechtstypisch bzw. stereotyp vorgestellt und in bezug auf ihre Machtsymbolik analysiert worden sind, aber auch beliebige andere, die Sie selbst für besonders typische oder unumkehrbare Muster halten, in dieser Weise durcharbeiten. Zum Beispiel können Sie

die bequeme, lässige „männliche" Spielbein-Standbein-Haltung (S. 45) einnehmen und diese dann soweit verändern, bis Sie die ty-

pische „weibliche" Haltung mit schamhaft nach innen abgeknickten Knie (S. 49) erreicht haben. Beachten Sie, daß dabei das „schamhaft" angewinkelte Bein entweder nur ganz unmerklich, mit einem Zeh, oder gar nicht auf dem Boden abgestützt wird. Dann lehnen Sie sich mit einer Schulter seitlich gegen eine Wand, überkreuzen lässig Ihre Beine in Knöchelhöhe und stellen das Spielbein auf den Zehen ab.
Vergleichen Sie diese drei Haltungen im Hinblick auf die mittlerweile bekannten Kriterien Standsicherheit, Bequemlichkeit, Entspanntheit, Dominanz und Selbstbewußtsein, die sie nach außen wie nach innen vermitteln. Überlegen Sie, ob Sie schon einmal bewußt eine Frau/einen Mann in der Öffentlichkeit in der jeweils „gegengeschlechtlichen" Haltung gesehen haben und welchen Eindruck Sie von der Person hatten.

2. ÜBUNG: KÖNIGLICH SITZEN

Setzen Sie sich so auf einen ganz normalen Stuhl, daß die Oberschenkel weitgehend auf der Sitzfläche aufliegen. Halten Sie Ihren Oberkörper ohne große Anstrengung dadurch aufrecht, daß Sie sich mit dem Rücken leicht an der Stuhllehne abstützen. Entspannen Sie Ihre Oberschenkel und lassen Sie Ihre Knie dementsprechend ganz leicht auseinanderdriften. Setzen Sie Ihre Füße – ebenfalls leicht geöffnet – in der direkten Verlängerung der Knie fest und flach auf dem Boden auf. Legen Sie Ihre Hände einzeln entspannt auf Ihren Oberschenkeln ab.

Sie werden bemerken, daß Sie in dieser Haltung lange sitzen können und sich in ihr ein Gefühl des Stolzes und der Würde einstellt. Sie ist kontrolliert und dennoch ausreichend bequem, aufrecht und doch weitgehend entspannt, gelassen und dennoch tadellos. Indem sie alle diese unterschiedlichen Attribute auf sich vereinigt, weist diese Haltung Sie als eine festgefügte Persönlichkeit aus, die sich sowohl ihrer Individualität als auch ihrer sozialen Bedeutung und ihres Rangs bewußt und in der Lage und willens ist, beides in selbstbewußter Weise auszudrücken.

Rutschen Sie nun auf der Sitzfläche so weit nach vorn, bis Sie nur noch auf der Stuhlkante sitzen. Behalten Sie Ihre aufrechte Haltung dennoch bei. Spannen Sie Ihre Muskulatur an und pressen Sie Oberschenkel, Knie und Unterschenkel fest zusammen. Heben Sie Ihre Füße etwas vom Boden ab, so daß sie ihn nur noch mit den Zehenspitzen berühren, und schieben Sie sie dann möglichst weit nach schräg rechts oder links vorn von sich weg. Legen Sie Ihre Hände ineinander und in den Schoß. Nun sitzen Sie auf jene damenhafte Art, die auf S. 54 vorgestellt und analysiert wurde.

Wenn es Ihnen gelungen ist, diese Haltung möglichst exakt einzunehmen, sollten Sie testen, wie lange Sie sie beibehalten können. Versuchen Sie dabei, ihrer symbolischen Bedeutung auf den Grund zu gehen.

Sie haben vorher spüren können, daß die königliche Haltung Gelassenheit und Würde repräsentiert. Aber was repräsentiert die damenhafte Haltung? Kann man in dieser Haltung anderen Menschen vorbildhaft „vorsitzen"? Ist sie nicht eher ein „Schausitzen", in dem es in erster Linie darum geht, attraktive Körperteile vorteilhaft zur Geltung zu bringen? Fühlen Sie sich in einer solchen Haltung eher wie der Direktor oder wie das Angebot eines Warenhauses? Wieviel Selbstvertrauen vermittelt Ihnen diese Haltung wirklich?

Wenn Sie ein heterosexueller Mann sind und bisher der Meinung waren, die damenhafte Sitzhaltung sei einfach ästhetisch ansprechender und daher für Frauen unbedingt vorteilhafter, dann ist anzunehmen, daß Sie bisher keine Erfahrung mit ihrer reflexiven Wirkung gemacht haben. Nun können Sie am eigenen Leib überprüfen, in welcher Weise sich dieser „Vorteil" tatsächlich auf jene auswirkt, denen diese Haltung quasi vorgeschrieben, um nicht zu sagen zugemutet wird.

Sie könnten sich in diesem Zusammenhang auch über den Doppelstandard Gedanken machen, der in unserer Gesellschaft bei der Bewertung von Frauen und Männern durchgehend Anwendung findet. An Männern fände man eine damenhafte Haltung nämlich weder ästhetisch noch unästhetisch, sondern schlicht unpassend, geziert und lächerlich. „Richtige" Männer sitzen einfach nicht so.

Es zeigt sich also, daß die feminine Ästhetik nur eine vorgeschobene Kategorie ist, ein Mittel der Grenzziehung zwischen den Geschlechtern, das Frauen davon abhalten soll, königlich zu sitzen, und sie dazu animiert, sich statt dessen lieber als attraktive Objekte für den heterosexuellen männlichen Blick zu stilisieren. Aber andererseits haben Sie nur als Frau wirklich die Wahl, sich zwischen der königlichen Haltung und der damenhaften Präsentation des eigenen Körpers auf Kosten von Bequemlichkeit und Würde zu entscheiden.

3. ÜBUNG: SICH BEHAUPTEN

Stellen Sie sich zu zweit frontal zueinander so auf, daß Sie einander mit ausgestrecktem Arm gerade noch berühren könnten. Schauen Sie einander, ohne zu lächeln, direkt in die Augen.

Ihr Gegenüber sagt zu Ihnen: „Sie haben eine ganz schlechte Arbeit abgeliefert. Sie müssen alles noch einmal machen, und zwar gleich!"

Sie antworten darauf: „Nein, damit bin ich keinesfalls einverstanden. Meine Arbeit war gut, und ich werde sie deshalb kein zweites Mal machen."

Sprechen Sie diesen Text mehrmals hintereinander, und nehmen Sie dabei jedesmal eine andere Haltung ein.

a) Stehen Sie zuerst gerade aufgerichtet und breitbeinig. Stemmen Sie Ihre Arme rechts und links in die Hüften. Runzeln Sie die Stirn, kneifen Sie Ihre Augen etwas zusammen, und richten Sie Ihren Blick direkt auf Ihr Gegenüber. Lächeln Sie nicht, und sprechen Sie Ihren Text mit lauter und sonorer Stimme.

b) Schließen Sie nun Ihre Beine, und stellen Sie Ihre Füße parallel eng nebeneinander. Knicken Sie ein Bein nach innen ab. Legen Sie Ihre Arme an den Körper an und fassen Sie vor dem Bauch eine Hand mit der anderen. Legen Sie Ihren Kopf schief, öffnen Sie Ihre Augen weit, schauen Sie Ihr Gegenüber dabei aber nicht direkt und gerade, sondern aus den Augenwinkeln an, und sprechen Sie Ihren Text mit leiser, möglichst hoher Stimme und in einem stark modulierenden, singsangartigen Tonfall.

c) Nehmen Sie als letztes eine entspannte Spielbein-Standbein-Haltung ein und drehen Sie dabei Ihren Körper etwas aus der direkten Konfrontationshaltung heraus. Stecken Sie beide Hände lässig in die Hosentaschen. Legen Sie Ihren Kopf leicht und entspannt nach hinten, so daß Ihr Blick etwas „von oben herab" auf Ihr Gegenüber fällt. Grinsen Sie und bewegen Sie, während Sie nun Ihren Text sprechen, Ihren Kopf mehrmals leicht hin und her.

Überlegen Sie anschließend mit Ihrer Partnerin/Ihrem Partner, welches Verhältnis zwischen Ihnen sich in diesen unterschiedlichen Haltungen ausgedrückt bzw. manifestiert hat. In welcher Haltungsvariante empfanden Sie sich eher als KollegInnen auf gleicher sozialer Stufe? In welcher Haltung fühlten Sie sich souverän und überlegen, in welcher machtlos und unterwürfig, in welcher hilflos, aufgebracht und zornig? Hat sich die Glaubwürdigkeit Ihrer Äußerung mit den unterschiedlichen Haltungen verändert? Wie groß waren Ihrer Meinung nach jeweils Ihre Chancen, sich damit durchsetzen zu können? In welcher Haltung haben Sie sich als Person gut, in welcher schlecht gefühlt?

Probieren Sie dann – wieder in den drei unterschiedlichen Haltungen – folgende alternative Antwort aus: „Aber natürlich, Herr Direktor, es tut mir furchtbar leid, geben Sie mir noch eine Chance, es wiedergutzumachen? Bitte!?"

4. ÜBUNG: SCHATTENBILDER

Für diese Übung, die sich auch für größere und für gemischtgeschlechtliche Gruppen sehr gut eignet, brauchen Sie eine Lichtquelle und eine Leinwand als technische Ausstattung. Beides ist in allen Bildungseinrichtungen selbstverständlich vorhanden und läßt sich auch im privaten Rahmen leicht organisieren.

Stellen Sie die Leinwand auf und beleuchten Sie sie von hinten. Die DarstellerInnen sollen zwischen der Lichtquelle und der Leinwand agieren. Die restliche Gruppe versammelt sich vor der Leinwand und nimmt die Aktivitäten nur in Form von Schattenbildern wahr, die sich auf der Leinwand abzeichnen.

In dieser Übung werden die individuellen Aspekte der Haltungen, Posen und Bewegungen, mit denen gearbeitet werden soll, durch die Leinwand sozusagen weggefiltert. Da damit auch die Geschlechtszugehörigkeit der Agierenden nicht mehr feststellbar ist, hat sie im Prozeß der Wahrnehmung und Bewertung des Verhaltens keine Relevanz mehr. Die essentielle machtspezifische Symbolik der Rituale tritt um so eindrucksvoller in den Vordergrund.

Die BeobachterInnen vor der Leinwand nehmen das „doing gender" pur wahr und sind gezwungen, es ohne Bezug auf das biologische System Sex – auf das „wirkliche" Geschlecht der Darstellerinnen und Darsteller – zu interpretieren und zu bewerten.

Geben Sie den DarstellerInnen zunächst folgende Sätze vor, die sie – durch Körperhaltungen und -bewegungen – ausdrücken sollen:

„Ich bin stark", „ich bin schwach", „ich bin wütend", „ich bin traurig", „ich bin stolz", „ich bin ängstlich", „ich bin demütig" usf.

Anschließend sollen die Vorgaben „ich bin ein Mann", „ich bin eine Frau", „ich bin ein Mädchen", „ich bin ein Junge" körpersprachlich umgesetzt werden.

Vergleichen Sie nun die Darstellungen aus diesen beiden Gruppen. Zwischen welchen zeigen sich Übereinstimmungen? Welche könnten förmlich miteinander verwechselt werden?

Die Darstellungen sollten nach Möglichkeit sowohl von weiblichen wie männlichen Personen durchgeführt werden. Anhand der Ergebnisse dieser Übung lassen sich zwei Sachverhalte anschaulich demonstrieren. Erstens, daß wir alle, ganz unabhängig von unserer tatsächlichen Geschlechtszugehörigkeit, eine klare Vorstellung von Männlichkeit, Weiblichkeit und den dazu „passenden" Haltungen und Gesten haben, daß wir diese als Klischees verinnerlicht haben und sie bei Bedarf auch ganz konkret verhaltensmäßig umsetzen können. Zweitens läßt sich an den zu erwartenden deutlichen Übereinstimmungen zwischen den Darstellungen „starker" Gefühle und Männlichkeitsdarstellungen einerseits und „schwachen" Gefühlen und Weiblichkeitsdarstellungen andererseits, die in den entindividualisierten Schattenbildern besonders deutlich zutage treten, ganz unmittelbar aufzeigen, welche ursprünglicheren Bedeutungen den Geschlechterritualen zugrunde liegen und was sie „wirklich" transportieren.

5. DIE APFELÜBUNG

In der Apfelübung geht es um Strategien. Dazu brauchen Sie nur einen Apfel und einen Partner oder eine Partnerin. Eine von Ihnen ist im Besitz des Apfels, die andere Person möchte ihn haben und soll versuchen, dies zu erreichen. Wenn dieses Spiel zu Ende ist, versuchen Sie es in umgekehrter Besetzung noch einmal.

Sie werden bei dieser Übung unter Umständen (insbesondere wenn Sie unterschiedlichen Geschlechts sind) feststellen, daß es viele verschiedene Strategien gibt, um dieses Ziel zu erreichen. Der Sinn der Übung liegt darin, die wesentlichen Unterschiede zwischen den Strategien im Anschluß daran bewußt zu machen, indem sie miteinander verglichen, analysiert und bewertet werden.

Sie können die Apfelübung auf zwei grundsätzlich verschiedene Arten durchführen. In der einen Variante wird es der Person, die den Apfel besitzt, freigestellt, ihn zu behalten oder abzugeben. Sie soll sich in ihren Entscheidungen allein von ihrem Gefühl leiten lassen. In der anderen Variante hingegen – dem „programmierten Mißerfolg" – soll der Apfel unter keinen Umständen abgegeben werden.

Sammeln Sie die Strategien, die zur Anwendung gekommen sind, und versuchen Sie, sie einer der folgenden drei Gruppen zuzuordnen: Dominanzstrategien, Unterwerfungsstrategien, Tauschstrategien.

a) Einfaches „Bitten" und auch das nachdrücklichere „Flehen" sind z.B. Unterwerfungsstrategien. Durch eine solche Vorgehensweise wird die besitzende Person als mächtig und überlegen „konstruiert" und entsprechend respektiert. Sie allein, ihre Weichherzigkeit, Großzügigkeit etc. entscheidet letztlich über Erfolg oder Mißerfolg der Strategie. Mit solchen Strategien kann man unter Umständen durchaus einen Apfel gewinnen, aber man bezahlt dafür in „Statuswährung", indem man das Verhältnis als ein ungleiches Machtverhältnis und sich selbst als diesem unterworfen festschreibt.

b) Tauschstrategien (wenn du mir den Apfel gibst, mache ich dieses oder jenes für dich, gebe ich dir dieses oder jenes im Austausch dafür) sind symmetrische Strategien, in denen kein ungleiches Machtverhältnis konstruiert wird. Beide Beteiligte verfügen gleichermaßen über Ressourcen und sind daher prinzipiell gleichwertig. Letztlich entscheidet nur das Angebot über den Erfolg der Strategie. Je attraktiver es für die andere Person ist, desto größer die Chance, damit auch das eigene Ziel zu erreichen.

c) „Fordern", „Drohen", „Erpressen" etc. sind Dominanzstrategien. In ihnen konstruiert die fordernde Person wieder ein ungleiches Machtverhältnis, in welchem diesmal nicht die besitzende Person, sondern sie selbst die überlegene Position innehat. Die eigene Überlegenheit wird entweder stillschweigend vorausgesetzt oder durch einen einschüchternden Gestus und unmißverständliche Androhungen negativer Konsequenzen (wenn du mir den Apfel nicht gibst, mache ich dir etwas kaputt, verpetze ich dich etc.) beschworen. Solche Strategien führen dementsprechend häufig, aber natürlich nicht zwangsläufig zum Ziel. Die andere Person hat durchaus Möglichkeiten, sich wirksam zur Wehr zu setzen. Ihre Beziehung zueinander wird durch den Einsatz von Dominanzstrategien, unabhängig von ihrem konkreten Ausgang, stets jedoch auch in negativer Weise beeinflußt, da sie das emotionale Klima nachhaltig vergiften können.

Stellen Sie zunächst fest, welche Arten von Strategien Sie und Ihr(e) Partner(in) eingesetzt haben. Mit welcher Strategie waren Sie als Frau/ als Mann letztlich erfolgreich? Wie haben Sie sich dabei gefühlt?

In der Auswertung der zweiten Variante der Apfelübung, in der das Scheitern der fordernden Person vorprogrammiert ist, da der Apfel unter keinen Umständen freiwillig abgegeben werden sollte, sind vor allem folgende Fragen interessant: Wurden alle Arten von Strategien „durchdekliniert"? Wer ist wie weit gegangen, um sein oder ihr Ziel zu erreichen? Wurden die festgestellten Besitz- bzw. Machtverhältnisse letztlich akzeptiert und respektiert, oder wurde die Grenze zwischen Kommunikation und Gewalt überschritten? Wer

hat sich den Apfel, nachdem kein Argument mehr zog, ohne weitere Umstände einfach genommen?

6. ÜBUNG: PAARE BESTIMMEN

Dies ist eine reine Beobachtungsübung, in der Sie ausschließlich auf der Basis von körpersprachlichem Verhalten in der Öffentlichkeit feststellen sollen, ob zwei Menschen ein Paar bilden und ob diese Beziehung von den Betreffenden als gleichwertig oder ungleichwertig klassifiziert wird. Beobachten Sie Menschen in der Öffentlichkeit, auf Straßen, Plätzen, in Parks oder großen öffentlichen Gebäuden. Machen Sie sich Notizen, auf welche Verhaltensweisen Sie Ihre Feststellungen jeweils zurückführen, und versuchen Sie dann, diese im Hinblick auf Symmetrie oder Asymmetrie in zwei Gruppen zu ordnen (Sie können sich dabei an den Ausführungen im zweiten Kapitel orientieren).

Wie viele der Paare haben symmetrische Beziehungszeichen benutzt und sich damit als gleichwertig klassifiziert, wie viele haben sich durch asymmetrische Rituale als ungleichwertig klassifiziert? Wie häufig wird Ungleichwertigkeit durch einseitig dominantes Verhalten hergestellt, wie häufig durch einseitig unterwürfiges? Wie häufig dominiert der Mann und unterwirft sich die Frau, wie oft ist es umgekehrt? Wie verhalten sich gleichgeschlechtliche Paare im Vergleich zu gemischtgeschlechtlichen? Benutzen sie häufiger symmetrische Beziehungszeichen?

7. SYMMETRIEÜBUNG

Diese Übung eignet sich besonders als Partnerübung für heterosexuelle Paare.

Nehmen Sie sich an der Hand – als ob Sie zusammen spazierengehen wollten – und überprüfen Sie Ihre Handhaltung: Ist sie symmetrisch oder asymmetrisch? Wer führt, wer wird geführt? Wer hat die „Oberhand"? Wer hat den besseren Zugriff? Wer hält, wer wird gehalten? Wessen Hand ist vorn, wer kommt hinterher?

Wenn Sie der Meinung sind, daß Ihre Handhaltung zwar möglicherweise asymmetrisch, aber keinesfalls Ausdruck eines Machtverhältnisses ist, dann tauschen Sie jetzt einfach Ihre Positionen aus. Welche Gefühle werden dabei wach? Fühlen Sie sich *jetzt* Ihrer Partnerin/Ihrem Partner über- bzw. unterlegen? Wenn Sie keinen Unterschied zu vorher feststellen können, dann können Sie dieses Muster künftig doch sicher auch in der Öffentlichkeit leicht umdrehen und damit ein Zeichen setzen.

Wenn Sie meinen, daß Ihre asymmetrische Handhaltung ganz natürliche Ursachen hat – nämlich Ihren relativen Größenunterschied –, dann probieren Sie doch einmal aus, ob Sie eine andere Handhaltung einnehmen, wenn Sie nebeneinander sitzen

oder liegen. Wenn nein, sollten Sie noch einmal darüber nachdenken.

Auf diese Weise können Sie auch alle anderen Verhaltensweisen durchtesten, durch die Sie Ihre Gefühle füreinander zum Ausdruck bringen oder durch die Sie in der Öffentlichkeit deutlich machen, daß Sie zusammengehören (z.B. Umarmungen, Berührungen, Blicke, Lächeln, Anschmiegen etc.).

Nehmen Sie sich diese Verhaltensweisen der Reihe nach vor, führen Sie sie ganz bewußt abwechselnd in der vertrauten und dann in umgekehrter Weise durch. Konzentrieren Sie sich auf jene Zeichen, deren Umkehrung Ihnen besonders schwerfällt oder Ihnen einfach unsinnig und absurd erscheint, und versuchen Sie gemeinsam, den machtspezifischen Bedeutungen dieser Verhaltenweisen auf den Grund zu gehen.

8. ÜBUNG: EIN TABU BRECHEN

Diese Übung ist nur für Frauen gedacht – nicht zuletzt deshalb, weil ihnen mehr geschlechtsspezifische Tabus auferlegt werden und sie sich nach wie vor diesen auch bereitwilliger unterwerfen, um ihre Weiblichkeit zum Ausdruck zu bringen, während hegemoniale Männlichkeitsdarstellungen, wie ich gezeigt habe, sich nicht zuletzt gerade in Tabubrüchen manifestieren.

Versuchen Sie, auf dem Gehsteig oder auf Parkwegen entgegenkommenden Männern ganz bewußt nicht auszuweichen. Ziehen Sie im Geist eine gerade Linie, und bewegen Sie sich unbeirrt auf ihr fort. Machen Sie die Übung einmal, ohne Blickkontakt zum Entgegenkommenden aufzunehmen, einmal mit Blickkontakt. Lassen Sie sich von den möglicherweise aufkommenden schlechten Gefühlen und Gedanken, Ihr Verhalten sei ungebührlich oder unhöflich, jedenfalls aber unangemessen, nicht beirren. Vergessen Sie nicht: Erstens ist es nur ein Experiment, und zweitens handelt es sich dabei schließlich nicht um eine kleine, unerhebliche Abweichung vom gewohnten Lauf der Dinge, sondern um das Tabu, das die Dominanz von Männern und ihre Vorrechte in der Öffentlichkeit absichert.

Sie werden dabei mit großer Wahrscheinlichkeit folgende Feststellungen machen:

1. Männer werden Ihnen in der Regel nicht freiwillig Platz machen. Da sie bis zum allerletzten Moment offensichtlich davon ausgehen, daß Sie noch rechtzeitig ausweichen werden, weil sie diese Erfahrung ständig machen, ziehen sie – wenn überhaupt – erst kurz vor einem Zusammenprall gerade mal eine Schulter zurück und zeigen deutliche Anzeichen von Irritation.

2. Ihre Chance, diese Begegnungen ohne *body-check* zu überstehen, ist bemerkenswerterweise wahrscheinlich größer, wenn Sie vorher keinen Blickkontakt zu dem Entge-

genkommenden aufgenommen haben. Durch einen Blickkontakt hätten Sie ihm signalisiert, daß Sie ihn wahrgenommen haben; er könnte mit um so größerer Selbstverständlichkeit davon ausgehen, daß Sie dem erwarteten Muster folgen und ihm bereits im Vorfeld weiträumig ausweichen. Ohne Blickkontakt kann er Sie für zerstreut oder verträumt halten, jedenfalls nicht für provokant, und deshalb unter Umständen selber ausweichen.

3. In bezug auf Ihre eigene Befindlichkeit werden Sie feststellen, daß Sie sich bei diesen Experimenten wahrscheinlich eher schlecht als gut fühlen und vielleicht sogar froh sind, wenn Sie wieder zum gewohnten Muster zurückkehren und anderen Menschen in der Öffentlichkeit höflich, respektvoll und freiwillig Platz machen können.

Vielleicht gelingt es Ihnen aber doch aufgrund Ihrer neuen Erkenntnisse, dabei künftig differenzierter vorzugehen, z.B. nach der Devise „Ehre, wem Ehre gebührt". Vergessen Sie nicht: Geschlecht ist beileibe nicht die einzige Statusvariable in unserer Gesellschaft.

9. UNMIßVERSTÄNDLICH KRITIK ÜBEN

In dieser Partnerübung können Sie eine beliebige Konfliktsituation als Ausgangspunkt wählen (z.B. den klassischen Putzkonflikt in Wohngemeinschaften), in der Sie sich mit

Recht über das Verhalten anderer geärgert haben und nun wirksam etwas dagegen unternehmen wollen.

Stellen Sie sich vor, Sie leben mit der anderen Person, mit der Sie die Übung machen, in einem gemeinsamen Haushalt und ärgern sich bereits seit geraumer Zeit sehr darüber, daß sie ihren entsprechenden Verpflichtungen nicht in der gemeinsam vereinbarten Weise nachkommt. Vor diesem Hintergrund eröffnen Sie nun ein Gespräch, in dem Sie darauf abzielen, diesem Mißstand möglichst schnell und gründlich ein Ende zu bereiten. Versuchen Sie daher, sich möglichst kurz zu fassen und Ihren Ärger klar und unmißverständlich zum Ausdruck zu bringen. Formulieren Sie vor Beginn des Gesprächs ein klares Ziel, und versuchen Sie, es zu erreichen.

Tauschen Sie dann die Rollen und wiederholen Sie die Situation. Überprüfen Sie im Anschluß daran – vielleicht anhand von Strichlisten, die Sie geführt haben –, wer von Ihnen in der Anklägerrolle häufiger gelächelt oder gelacht hat, wer häufiger den Blick vom anderen abgewendet hat und wer sich eher durch Argumente der Gegenseite aus dem Konzept und von der eigenen Linie abbringen ließ. Alle diese Verhaltensweisen führen nämlich dazu, eigene Forderungen abzuschwächen, ihren Nachdruck zu reduzieren und Sie dadurch von Ihrem eigentlichen Ziel abzubringen, daß Sie zur Einfühlung in die andere Person animiert werden.

Wiederholen Sie die Übung so oft, bis alle Ihre Signale eindeutig und klar sind und Ihre Selbstdarstellung in dieser Situation weder submissive noch gemischte Botschaften enthält.

10. ÜBUNG FÜR FORTGESCHRITTENE: GEFÜHLE RATEN

Diese Übung eignet sich gut für größere gemischtgeschlechtliche Gruppen oder als „Gesellschaftsspiel".

Stellen Sie zunächst gemeinsam eine (möglichst lange) Liste von einfachen und gemischten Gefühlen bzw. sozialen Signalen zusammen, die durch Körpersprache ausgedrückt werden können (z.B. Wut, Verachtung, Überraschung, Trauer, Freude, Ekel, freudige Überraschung, ängstliche Neugier, unterdrückte Wut, entgegenkommendes Lächeln, bedrohlicher Blick, bewunderndes Lächeln, herausfordernder Blick, abgrenzende Haltung, unterwürfiger Blick, ängstliche Haltung, koketter Blick, abschätzige Miene, devote Haltung, ironisches Grinsen usw.). Schreiben Sie jedes Gefühl bzw. Signal einzeln auf ein Kärtchen. Ziehen Sie dann abwechselnd eine Karte und drücken Sie das notierte Signal körpersprachlich aus. Die anderen sollen seine Bedeutung erraten. Wenn Sie wollen, können Sie dieses Spiel auch in Form eines Wettbewerbs betreiben und am Ende jene Person als „Darstellungssiegerin" krönen, deren Gefühlsdarstellungen die anderen am schnellsten und häufigsten richtig interpretieren konnten, und jene als „Interpretationsmeisterin", die fremde Darstellungen am schnellsten und häufigsten richtig interpretieren konnte.

Wichtiger als ein Sieg ist in dieser Übung jedoch die allgemeine Erkenntnis, daß Frauen und Männer ihre Fähigkeiten, eigene Gefühle körpersprachlich auszudrücken und die anderer korrekt zu dekodieren, durchaus unterschiedlich entwickelt haben.

Frauen haben im Durchschnitt eine bessere Dekodierfähigkeit als Männer, sie können körpersprachliche Signale besser „lesen". In bezug auf die Darstellung der Signale werden Männer wahrscheinlich eher durch das geschlechtsspezifische Tabu, alle Gefühle frei auszudrücken, behindert, Frauen eher durch das Tabu, Dominanz zu demonstrieren. (Eine ausführliche Darstellung der Zusammenhänge, Hintergründe und Konsequenzen dieser spezifischen Regulierung des Gefühlsausdrucks findet sich in meinem Buch über die Körpersprache der Geschlechter, „Wie Katz und Hund", 1993.) In der direkten Begegnung zwischen den Geschlechtern kommt es nicht zuletzt deshalb häufig zu Mißverständnissen und Auseinandersetzungen, die recht unangenehm werden können.

Es ist anzunehmen, daß auch im Verlauf dieser Übung mehr oder weniger heftige Diskussionen über die Bedeutung bestimmter Darstellungen, über ihre Mißverständlichkeit oder Unklarheit, entbrennen werden. Diese können insofern fruchtbar sein, als daran die Abhängigkeit unserer spezifischen Beschränktheit als Frauen und Männer von verinnerlichten kulturellen Vorschriften, vom Genderkonzept, sichtbar gemacht und als solche auch ánerkannt werden kann. Sollte dies aber nicht gelingen, weil die Parteien (meist sind es, meiner Erfahrung nach, die Männer) rechthaberisch an jeweils ihrer Interpretation der Signale festhalten, selbst wenn sogar das Kärtchen ihnen widerspricht, dann geht es letztlich auch in diesem Spiel nur noch darum, durch den Einsatz von Definitionsmacht eigene Machtpositionen zu erhalten.

Dann könnten solche Diskussionen immerhin noch als Ausgangspunkt für eine weitergehendere Analyse und Auseinandersetzung mit den Verknüpfungen von Geschlecht und Macht dienen. Denn, wie P.M. Hall sagt, Macht wird nicht zuletzt dadurch errungen, daß wir andere dazu bringen, unsere Perspektive zu übernehmen und unsere Sicht der Dinge zu akzeptieren. Und dazu müssen wir in der Lage sein, unsere Definition der Situation deutlich zu machen und durchzusetzen.